www.tredition.de

AF185192

Karin Weishaupt

Alles gut, Mama

Mein Pilgerabenteuer auf dem Camino del Norte

www.tredition.de

© 2015 Karin Weishaupt

Verlag: tredition GmbH, Hamburg

ISBN
Paperback: 978-3-7323-5586-0
Hardcover: 978-3-7323-5587-7

Printed in Germany

Alles gut, Mama

Ein kurzweiliger Erfahrungsbericht vom Spanischen Küstenweg

Inhalt:

Beginn meines Camino im April 2013

Camino de la Costa
Baskenland

Kantabrien

11. Tag: Pobena – Castro-Urdiales (16km)

12. Tag: Castro-Urdiales – Liendo (25km)

13. Tag: Liendo – Berria (17,6km)

14. Tag: Landgasthaus in Berria

15. Tag: Berria – Güemes (23,3km)

16. Tag: Güemes – Santander (15km)

17. Tag: Santander – bis kurz vor Santillana del Mar (35km)

18. Tag: Santillana del Mar – Cobrezes (13,2km)

19. Tag: Cobrezes – San Vicente de la Barquera (26km)

Fürstentum Asturien

20. Tag: San Vicente de la Barquera – Colombres (20km)

21. Tag: Colombres – Llanes (23km)

22. Tag: Llanes – Ribadesella (32km)

23. Tag: Ribadesella – Colunga (20,4km)

24. Tag: Colunga – Villaviciosa (16km) Bus bis Gijon…

25. Tag: Gijon – Aviles (25,4km)

26. Tag: Aviles – Flughafen Bilbao

27. Tag: Rückflug

Fortsetzung meines Camino im April 2014

1. Tag: Ankunft in Aviles

2. Tag: Aviles – Soto del Barko (22km)

3. Tag: Soto del Barko – Soto de Luina (20km)

4. Tag: Soto de Luina - Cadavedo (24km)

5. Tag: Cadavedo – Luarca (19km)

6. Tag: Luarca – La Pinera (15km)

7. Tag: La Pinera – La Caridad (15km)

8. Tag: La Caridad – Ribadeo (über Tapia de Casariego 28km)

Camino del Norte

Galicien

9. Tag: Pause in Ribadeo!

10. Tag: Ribadeo – Villanova de Lourenza (27km)

11. Tag: Villanova de Lourenza über Mondonedo bis Gontan (26km)

12. Tag: Gontan – Vilalba (19,5km)

13. Tag: Vilalba – Baamonde (22km)

14. Tag: Baamonde – Miraz (16km)

15. Tag: Miraz – Sobrado dos Monxes (26km)

16. Tag: Sobrado dos Monxes – Arzua (23km)

17. Tag: Arzua – Monte do Gozo (35km)

18. Tag: Monte do Gozo – Santiago de Compostela (5km)

19. Tag: Mein Tag in Santiago!

20. Tag: Heimreise

In 6 ½ Wochen – ca. 800 km

Von San Sebastian bis Aviles (2013) und von Aviles bis Santiago de Compostela (2014)

Erster Teil: Montag, den 22. April bis Samstag, 18. Mai 2013

493km in 25 Tagen

Vorwort:

Wie so viele Entscheidungen, die man im Leben trifft, war auch diese aus einem Bauchgefühl heraus entstanden. Dieses Gefühl ließ speziell in diesem Fall keine Diskussionen zu. Dass ich mich auf das Abenteuer „Jakobsweg' in Spanien einlassen wollte, stand außer Frage. Dass es in meiner Vorstellung ausschließlich um den spanischen Nordweg ging, kann ich bis heute nicht erklären. Dieser mir unbekannte, aus diversen Quellen allerdings auch als anspruchsvoll beschriebene Weg zog mich magisch an. Mein Bauchgefühl sagte mir: Das ist DEIN Weg. Damit war alles entschieden. Ich würde auf dem Camino de la Costa und dann auf dem Camino del Norte nach Santiago pilgern. Und zwar allein.

Bis dahin hatte ich keine Ahnung vom Pilgern. Nur eine vage Vorstellung von dem, was mich erwartete: Eine längere Wanderung durch das sonnige Spanien...

Erst auf dem Weg stellte sich heraus, dass ich ein naives Pilger-Greenhorn auf einem Weg war, der am Ende dahin geführt hat wo ich immer schon einmal hin wollte: Zuerst an meine Grenzen.

Und dann zu mir selbst.

1.Tag: Montag, 22. April

Ennigerloh-Düsseldorf-Madrid-San Sebastian

4.00 Uhr morgens zügig aufstehen. Zu diesem Zeitpunkt ahne ich noch nicht, dass der Wecker in den nächsten Wochen den Tagesablauf bestimmt. Ohne Frühstück fährt Rolf mich zum Düsseldorfer Flughafen. Meine Wanderklamotten habe ich schon am Körper, der nach bestem Wissen und Gewissen auf ein Minimum reduzierte Rest ist im Rucksack. Letzterer kommt mir irgendwie immer noch unheimlich schwer vor, obwohl ich doch wirklich nur das nötigste dabei habe...

8 kg sollten machbar sein. Die Empfehlung aus dem Internet und anderen gutgemeinten Quellen, nicht mehr als zehn Prozent des Eigengewichtes zu tragen, war ja wohl in meinem Fall nicht wirklich umzusetzen: Das wären knappe sechs Kilo gewesen!

Am Flughafen angekommen, verabschiede ich mich von meinem Mann im Eilverfahren. Erstens, weil er im Parkverbot steht. Zweitens, weil lange Abschiedsszenen nicht mein Ding sind...Ich bin eingeübt darin, alleine unterwegs zu sein – trotzdem bin ich jetzt etwas aufgeregt, weil mein Abenteuer an dieser Stelle beginnt...

Während ich in der Warteschlange am Iberia-Schalter stehe, bemühe ich mich, die tausend Gurte an meinem Rucksack so gut es geht für den Transport auf dem Gepäckband zu ,vertäuen'. Es ist das erste Mal, dass ich einen Rucksack als Gepäckstück aufgebe, und irgendwie kommt er mir im Vergleich zu all den riesigen Koffern um mich herum trotz seines Gewichts plötzlich unheimlich klein und verletzlich vor. Sind auch die Reißverschlüsse alle zu?

Dann stehe ich da, ohne Gepäck, ohne Handgepäck, in meinen Wanderklamotten, und es fühlt sich komisch an. Laufend erwische ich mich dabei, unter meinem T-Shirt nach dem Brustbeutel zu angeln, in dem meine Wertsachen verstaut sind.

Der Flug nach Madrid ist pünktlich. Nach einer kurzen Pause auf dem Madrider Flughafen, wo ich mir einen Cappuccino und ein belegtes

Brot gönne, geht es weiter nach San Sebastian. Beim Einstieg fallen mir schon mehrere Menschen auf, die offensichtlich das gleiche Ziel mit der gleichen Absicht verfolgen: Ihr Outfit verrät, dass sie Wanderer, oder, an dieser Stelle besser: Pilger sind. Einige präsentieren sich geradezu hoch dekoriert: Ein älterer Herr hat gleich vier Anstecknadeln an seinen Hut gepinnt, die zweifellos verraten, dass er sich auf dem Weg nach Spanien befindet, um, zweifellos, nach Santiago zu laufen. Oder auch nur eine Teilstrecke des Camino. Wer weiss. Und wer weiss, was ihn dazu treibt. Meine Sitznachbarin sieht ähnlich aus, also kommen wir bald ins Gespräch, und der Flug vergeht wie im Fluge. Sie will auf den Camino Frances gehen. Auch für sie ist es die erste Pilgerreise. Wir übertreffen uns beide mit der Schilderung irgendwelcher Horrorszenarien, die wir vor dem Reiseantritt per Internet oder vom Hören-Sagen aufgeschnappt haben. Da ist von riesengrossen, blutigen Blasen bis zu den gefrässigsten Bettwanzen alles dabei.

In San Sebastian trennen sich dann unsere Wege. Mein Rucksack hat die Flüge unbeschadet überstanden, und ich bekomme noch einen Bus, der mich über ausgiebige Umwege für schlappe 2,50 Euro ins Stadtzentrum bringt. Nach ca. einer dreiviertel Stunde Busfahrt komme ich im Hotel an. Der Rucksack macht mir ernsthaft Angst: Er scheint eine halbe Tonne zu wiegen. In meinem Hotelzimmer räume ich ihn aus und versuche, das Gewicht noch zu reduzieren, indem ich meinen so mühsam ausgeklügelten Vorrat an Proviant den Zimmermädchen überlasse. Trockenobst wiegt schwer, wenn es drauf ankommt!

Am Nachmittag mache ich einen Stadtbummel. Das Wetter ist herrlich, so richtig spanisch, und ich besuche das Aquarium, kaufe Postkarten, und schreibe sie in einem Café bei einem Cappuccino in der Sonne. Momentan scheint das Leben noch ein Ponyhof zu sein! In der Tourist-Info hole ich mir meinen ersten Stempel für meinen Pilgerausweis ab! Das fängt ja super an! Wieder zurück im Hotel, zieht mich das Bett plötzlich magisch an. Ohne Abendessen. Das Angebot an spanischen Speisen sagt mir irgendwie nicht sonderlich zu. Beim Studium der Speisekarten hatte ich mich unmerklich weiter in Richtung Hotel weitergearbeitet… die Nacht ist ruhig und erholsam.

Euskadi – Baskenland

„Jedem Anfang wohnt ein Zauber inne'

2.Tag: Dienstag, 23. April

San Sebastian – Zarautz (21 km)

570m Höhenunterschied insgesamt/ sehr ländlich geprägte Etappe

Nach einem super guten, ausgiebigen Frühstück, das von aufmuntern-
den Worten des Hotelpersonals untermalt ist (die wissen, was Gäste mit
Wanderschuhen vor sich haben) – mache ich mich gegen 9.00 Uhr auf
den Weg. Ich mache mich auf nach – keine Ahnung. Denn ein Ziel
habe ich mir für den ersten Tag nicht gesteckt. Einfach mal dahin treiben lassen, wohin mir diese verheissungsvollen Pfeile und Muscheln
den Weg weisen. Aber von ‚treiben lassen' träume ich nur. Es ist mehr
ein Quasimodo-Schongang, den ich schon auf den ersten hundert Metern durch die Stadt annehme! Der Rucksack wiegt Tonnen schwer!
Wie soll ich das denn über 800 km weit schaffen? Um wenigstens mal
kurz anhalten zu können, binde ich mir zum gefühlten zwanzigsten Mal
die Schuhe zu, setze mich ab und zu auf ein Mäuerchen, bleibe vor
Schaufensterauslagen stehen, deren Angebot ich im normalen Zustand
keines Blickes gewürdigt hätte. Am Strand von San Sebastian angekommen, hänge ich mich nach vorne über ein Geländer, um nicht das
Gleichgewicht zu verlieren ob dieser Last auf meinem Rücken. Die
Kamera fungiert als mein Komplize – Fotos machen sind ein guter
Grund, mindestens ein bis zwei Minütchen auf einem Fleck stehen zu
bleiben. Ich bilde mir schon ein, ab und zu einen mitleidigen Blick
meiner Mitmenschen zu erhaschen.

Am Ende des Strandes von San Sebastian führt der Weg gnadenlos
steil auf den Monte Igueldo hinauf. Bis ich oben angekommen bin,
habe ich mich meines Shirts und meines Unterhemds entledigt, die

Hosenbeine entfernt und bin total am Ende. Es geht etliche Kilometer mit zusammen gebissenen Zähnen auf einem Fussweg immer am Meer entlang. Unterwegs treffe ich auf vier junge Frauen aus Kanada, mit denen ich bei einer kurzen Rast an einem schattigen Plätzchen ins Gespräch komme. Danach geht es weiter auf einem sehr schönen Weg durch die spanische Botanik. Irgendwann finde ich heraus, dass der Rucksack nicht richtig sitzt. Das Gewicht sollte auf der Hüfte liegen, so die mahnenden Worte des Verkäufers aus dem Outdoor-Shop. Ok, nochmal alle Gurte und Strippen danach ausrichten und siehe da: Das schwere Teil sitzt mir nicht mehr im Nacken, sondern da, wo es aus vielen sinnigen Gründen auch hingehört – nämlich auf der besagten Hüfte.

Das nächste Problem lässt nicht lange auf sich warten. Es ist ein technisches: Meine Kamera scheint Bilder aufzunehmen, was ein akustisches Signal bestätigen soll. Es ist aber kein Bild auf dem Display zu sehen. Ich knipse also blind in der Gegend herum. Ein Österreicher wird kurz angehalten, um sich die Sache mal anzusehen. Der hat aber von Tuten und Blasen keine Ahnung. Sein einziger Kommentar, während er mir sämtliche Programme verstellt, ist: ‚So ein Ding muss funktionieren'. Wie sinnig!

Ein aus Amerika stammender Kanadier stösst zu uns. Er wird sogleich eingespannt, meine Kamera mal unter die Lupe zu nehmen. Er ist Informatiker – drückt sämtliche Knöpfe und Schalter und gibt mir dann mit einem Kopfschütteln das Ding zurück. Er ist ‚sorry', dass jetzt gar nichts mehr geht. Sämtliche von mir eingestellten Programme haben die beiden Herren mal eben auf Links gedreht. Ich stecke die Kamera in meinen Rucksack und speichere die schönen Landschaftsbilder auf meiner eigenen Festplatte. Da sind sie erst einmal bis zur ersten Alzheimer-Diagnose sicher aufbewahrt...Der Kanadier schwingt seine Wanderstöcke und sucht mit einem Sprint das Weite, und ich habe ein paar Kilometer den Österreicher an der Backe. Als wir uns, (bzw. ich mich von ihm), irgendwann trennen, kenne ich seine komplette Lebensgeschichte in komprimierter Form, incl. seiner ausgeprägten Hundephobie.

Man gewöhnt sich ja an Alles. In meinem Fall zu dem Zeitpunkt an das Klima, an das Gewicht, und an die Kilometer. Keine Ahnung, wie ich das geschafft habe, aber am späten Nachmittag komme ich in Zarautz an. Nach 8 Stunden und 22 km Gewaltmarsch! Hochalpin! Für den ersten Tag recht ordentlich. Ich trudele etwas unkoordiniert beim Gran Camping Zarautz ein. Nach der Anmeldung, einer Übernachtungsspende in Höhe von 5,00 Euro und dem begehrten Stempel beziehe ich ein 14 Betten-Zimmer über einer Autowerkstatt. Das Klo ist im Nebenraum, der aussieht, als hätte man alles zusammengetragen, was für den nächsten Sperrmüll bestimmt ist. Ausserdem stehen noch überall offene Rotweinflaschen, offensichtlich vom billigsten Fusel, herum. Die Duschen sind auf dem Campingplatz.

Ich frage nach dem Schlüssel für dieses Etablissement: Es gibt keinen, die Tür bleibt nachts auf. Das heisst, ich kann jederzeit raus, falls es mal brennt – es kann aber auch jederzeit jeder rein, um es vielleicht brennen zu lassen. Ich verdränge diese Gedanken flugs, schliesslich bin ich nach einem Tag ja schon ein alter Pilgerhase, der alles so nimmt, wie's kommt. Ich richte mich auf meiner Pritsche mit Schlafsack so gut es geht ein und verursache mit der Kramerei nach Handtuch und frischen Klamotten ein erneutes Chaos unter meinen wenigen Habseligkeiten. Das muss noch geübt werden.

Die Duschen sind ganz ordentlich – Camping eben – und das Abendessen im angrenzenden Restaurant noch besser: Sechs grosse gegrillte Gambas und ein riesiger Salatteller mit Brot und Aioli, ein Glas Wein und Wasser für 14,30 Euro!

Der erste Tag war wirklich hart, aber auch schön. Hoffentlich tut's Morgen nicht noch mehr weh – mal sehen, wie weit ich komme. Entscheidet man sich für einen längeren Weg, und die Luft ist raus, läuft man Gefahr, am ‚point of no return' die Fassung zu verlieren. In Orio wollte ich schon schlapp machen, weil einiges nicht mehr an Ort und Stelle war (Knie, Hüfte, Schultern…). Mein Body ist irgendwie nicht zum Lasten tragen gemacht – immerhin hatte ich das erste Mal über diese lange Strecke geschätzte 8 kg auf dem Buckel. Der Ort Orio, der im Outdoor-Führer als verträumtes Nest mit postkartenverdächtiger Kulisse angepriesen wird, war mir persönlich unsympathisch, darum hat mich auch der Ehrgeiz weiter bis Zarautz getragen. Na ja, für einen Kaffee und eine richtige Toilette war das Städtchen gut genug.

Irgendwie gibt es hier nur Berge.... jetzt liege ich hier ganz allein in dieser 14-Betten-Bude. Der Schlafsaal ist kalt, und ich werde in voller Montur schlafen gehen...Nach der ausgiebigen Flüssigkeitszufuhr beim Abendessen muss ich in der Nacht zweimal raus. Das heißt: Aus dem Schlafsack schälen, mit Taschenlampe durch den menschenleeren Schlafsaal bis zum einzigen Lichtschalter durch den eben erwähnten chaotischen Vorraum bis zur Toilette. Die ist ziemlich klein – und die Klobrille und die ganze Wanderung von der Pritsche bis hierhin arschkalt! Und immer mit dem Hintergedanken, dass unten in der Werkstatt die Tür immer und für jedermann offensteht....

Am nächsten Morgen wache ich von einem herzzerreissenden Geheul auf. Es ist kurz vor 6.00 Uhr. In den folgenden 20 Minuten reisst dieses erbärmliche Hundegeheul nicht ab. Von meinem Fenster aus ist nichts zu sehen, es muss aber direkt von unterhalb des Schlafsaals kommen. Nach einer kurzen Katzenwäsche verstaue ich schnell meine sieben Sachen und fülle meine kleine Wasserflasche mit Leitungswasser. Der Camping-Platz ist noch im Tiefschlaf, obwohl das Hundegewimmer weithin hörbar ist.

Hinter der Autowerkstatt entdecke ich dann das Hundeelend: Ein kleiner, kurzhaariger Mischling an einer viel zu kurzen, viel zu dicken Kette heult sich da die Seele aus dem Leib. Ich gehe zu ihm hin, und er schmilzt unter meinen Händen zu einem kleinen, armseligen Häufchen zusammen vor Glück. Während ich ihm die offenbar so nötigen Streicheleinheiten gebe, schaue ich mich um. Ein alter, total verdreckter Emaille-Kochtopf steht da, nicht mal in Reichweite des Hundes. Dieser Topf hat geschätzte 2 Tage keinen Inhalt mehr gesehen – weder Wasser noch Futter. Kurzerhand leere ich meine Wasserflasche darin aus und stelle ihn näher ran – das Hündchen trinkt gierig – und trinkt, und trinkt, und mir kommen fast die Tränen bei dem Anblick! Fast wie von Sinnen verschlingt es noch einen meiner Müsli-Powerriegel, bevor ich das Weite suche. Es tut mir in der Seele weh, wie ignorant hier mit den Tieren umgegangen wird.

Im Hof treffe ich auf einen Getränkelieferanten dem ich mit meinen begrenzten Spanisch-Kenntnissen zu verstehen gebe, dass hinter dem Haus ein Hund Futter und Wasser benötigt. Ich kann meinen Ärger nicht verbergen, und mit dieser negativ aufgeladenen Energie verlasse ich diesen Ort, der mir am Tag zuvor noch recht sympathisch war.

3. Tag: Mittwoch, 24. April

Zarautz – Zumaia

Bis 7km vor Deba (15 km)

Höhenunterschied: 700m / Küstenweg und Wald

‚Das Leben ist kein Strand, sondern ein Gebirge'
Indianisches Sprichwort

Die Strecke ist furchtbar schweisstreibend. Vielleicht steckt mir auch noch der Vortag in den Knochen. Schliesslich ist das mein zweiter Tag auf dem Camino. Mein heutiges Ziel ist Deba.

Keine Chance. 7 km vor Deba mache ich schlapp. Nichts geht mehr. Völlig fertig checke ich in einem Gasthof ein, der direkt am Weg liegt. Zuerst eine göttliche Fügung, dann Ernüchterung. Nachdem die Wäsche gewaschen und ich geduscht bin, traue ich meinen Ohren nicht: Ein Welpe schreit wie von Sinnen! Ich verfolge den Lärm bis in die Garage des Nachbarn. Jetzt traue ich auch meinen Augen nicht: Ein winziges Hündchen, höchstens 5-6 Wochen alt, sitzt alleine in einer Stahlbox in dieser Garage und paddelt wie wild und laut schreiend mit seinen rosafarbenen Pfötchen an einem Hühnerdraht hoch. Völlig alleingelassen, ohne eine Decke, ohne Wasser, ohne Futter – und viel zu klein. Ich fasse es nicht! Der Welpe reagiert nicht mal auf mein Erscheinen und starrt traumatisiert ins Leere, während er nicht aufhört, markerschütternd zu weinen. Ich beschwere mich mit einem Mix aus Spanisch und Englisch (obwohl die nicht mal Englisch versteht) bei meiner Pensionswirtin über die Lärmbelästigung, in der Hoffnung, dass sich zum Wohle ihrer Gäste etwas tut und dadurch die Handvoll Hund vielleicht befreit wird. Auch die Nachbarin kriegt eine Lektion von mir, indem ich mich über soviel Hirnlosigkeit bei ihr beschwere, erst auf Spanisch, dann auf Englisch, und dann sprudelt mein ganzer Frust auf ‚gut Deutsch' raus!

Später sehe ich die beiden Damen zusammen reden – kurz danach ist ‚Totenstille', die ganze Nacht hindurch, bis zu meinem frühen Aufbruch am nächsten Morgen. Ich kann nicht schnell genug hier wegkommen.

Das Zimmer war ein dunkles Loch, an das Schicksal dieses kleinen Hündchens will ich gar nicht denken – und das erste Mal verspüre ich einen Funken Heimweh....

4. Tag: Donnerstag, 25. April

7km vor Deba bis Markina Xemein (31 km)

Höhenunterschied ca. 1000m Auf- und Abstieg. Sehr abgeschiedener Weg in das hügelige Hinterland: Anspruchsvolle Etappe!

Glanzleistung! Die am Tag zuvor geschwänzten 7 km bis Deba laufe ich heute erst einmal auf einer ‚A...backe' ab. Beim Einmarsch in die Stadt erkennt man dass Deba gut versteckt im Tal liegt, an der Mündung des Rio Deba. Von der Anhöhe aus gelange ich kurz vor Mittag in einem gläsernen Aufzug hinunter in die Stadt. Nette Idee! An einem Obststand, an dem ich mich mit Wasser, Bananen und Erdbeeren für den weiteren Weg eindecke, treffe ich auch die vier Ladies aus Quebec wieder, die das gleiche im Sinn haben. Sie haben im Gegensatz zu mir die leichtere Variante den Weg zu bestreiten, gewählt. Sie haben einen Gepäcktransfer und Unterkunft im Voraus gebucht und laufen ihre Etappen nur mit leichtem Gepäck. Ich habe so meine berechtigten Zweifel, ob ich es noch bis Markina-Xemein schaffe – immerhin liegen noch 23 km mit einem nicht zu unterschätzenden Höhenprofil vor mir. Die vier kanadischen jungen Damen machen mir Mut – und ich nehme die Herausforderung an...

Es gibt kein Zurück. Hat man sich hier zum Weiterlaufen entschieden, sollte man sich anschliessend nicht beklagen. Unterwegs gibt es so gut wie keine Einkehrmöglichkeiten, d.h. zusätzlich wiegt der Proviant in Form von krummen Bananen und Wasserflaschen zusätzlich. Abbrechen ist hier nicht möglich – ausser, man hat vor, zu Biwaken. :0)

Die Strecke verläuft in grosser Abgeschiedenheit durch Wälder und Felder. NIEMAND fühlt sich hier mal wieder sauwohl. Zwei-, dreimal begegne ich einem Alm-Öhi mit seinen Ziegen.

Während ich nach Stunden so dahingetippelt bin, und sich Körper und Geist mittlerweile in einem mechanischen Vorwärts-Modus befinden, dringt mitten im Wald ein klägliches Schreien an mein Ohr. Da ist Mama wieder hellwach! Das hört sich an wie Ziege in Not!

Direkt über mir am Hang meckert sich eine Ziege die Stimmbänder wund. Ich kann nichts sehen, aber es kann nicht weit von meinem Standpunkt sein. Kurzentschlossen lasse ich meinen Rucksack auf dem Waldweg liegen und mache mich an den Aufstieg, um der armen Kreatur zu helfen. Blöderweise ist der Hang an dieser Stelle besonders steil und glitschig: Von überall her sprudeln kleine Quellen aus dem Untergrund und machen den Aufstieg zu einer Matschtour ohne Gleichen. Für stacheliges Gestrüpp offenbar eine wunderbare Voraussetzung, besonders stachelig zu gedeihen, denn ich hole mir bei der Aktion auch noch ein dicke Schramme ab, bis es blutet. Hochalpin überwinde ich, weil es die Mission verlangt, auch noch einen Stacheldrahtzaun. Jetzt kann es nur noch ein Katzensprung bis zu dem in Not geratenen Objekt sein.

Gerade verliere ich fast den Halt – da verliere ich die Fassung: etwa 40m vor mir sehe ich einen kräftigen Mann, nur mit Hose und Unterhemd bekleidet, in die Richtung kraxeln, in der ich die Ziege vermutet habe. Er bleibt kurz stehen, schaut mich ungläubig an und gibt mir kurz auf Spanisch zu verstehen, dass er sich um das arme Tier kümmert.

Soviel habe ich verstanden: Dass ich den verschlammten Hang umsonst raufgekommen bin – und jetzt irgendwie wieder runter muss. Das gelingt mit Hängen und Würgen und ohne weitere Blessuren.

Wenigstens ist die Ziege erhört worden, und als ich nach einer kleinen Ewigkeit zurück auf dem Waldweg bin, macht die Ziege keinen Mucks mehr. Der Rucksack ist auch noch da – bis an der Stelle, an der ich ihn zurückgelassen habe mal wieder eine Menschenseele vorbeikommt, vergehen wahrscheinlich Stunden – oder Tage. Die ganze Aktion hat mich Zeit und eine Menge Kraft gekostet. Ich hätte es wahrscheinlich auch für eine Kröte getan….

Insgesamt laufe ich an diesem meinem dritten Tag satte 30 km, nebenbei bezwinge ich mal eben insgesamt 1000 Höhenmeter!

Dementsprechend völlig fertig erreiche ich Markina-Xemein in der Dämmerung. Die mühsam erfragte Klosterherberge, die ich eigentlich anvisiert hatte, ist geschlossen. Erschöpfung, Ernüchterung – Enttäuschung. Ein junger Spanier mit drei kleinen Kids begleitet mich daraufhin durch die halbe Stadt und zeigt mir den Weg zu einer privaten Herberge. Die sieht rein äusserlich nicht sehr einladend aus, und nebenan befinden sich etliche Jung-Spanier vor einer Bar offensichtlich im Ausnahmezustand! Egal, jetzt gehe ich keinen Zentimeter mehr weiter. Ich kann mich nur noch vorbehaltslos in die Hände von Augusto begeben, dem Herbergsvater. Er entpuppt sich als über fürsorglich, legt meine Schuhe trocken und weist mir das einzige Einzelzimmer mit französischem Bett in seiner kleinen Herberge zu. Traumhaft! Gerettet! Augusto ist ein richtiges Pilgerherbergs-Väterchen. Er macht mich mit einem jungen Holländer bekannt, der schon monatelang alleine unterwegs ist und sicher viel zu erzählen hätte – wäre der nicht auch todmüde und blasengeschädigt.

In der von Augusto empfohlenen Tapas-Bar, in der es hoch hergeht, erkämpfe ich mir später einen Platz an der Theke und frage nach fleischlosen Tapas. Die unverständlichen Blicke stören mich überhaupt nicht. Schliesslich entscheide ich mich für drei undefinierbare Häppchen und ein Gläschen Rotwein plus Wasser – alles in allem für 3,00 Euro. Diese Nano-Mahlzeit deckt nicht annähernd meinen heutigen Energieverbrauch, aber irgendwie ist mir jetzt eher nach schlafen...

5.Tag: Freitag, 26. April

Markina-Xemein – Cenaruzza

Bis Munitibar (9 km)

Regen! Ich treffe keinen Menschen unterwegs. Die geplante Unterkunft muss ich irgendwie verpasst haben. Kein Wunder, wenn man stundenlang die Kapuze des Anoraks bis über die Nase ziehen muss.

In einem kleinen Nest namens Munitibar treffe ich auf vier Franzosen, die mir mit Hilfe der spanischen Bar-Senora eine Unterkunft besorgen. Tapfer laufe ich noch einen Kilometer zurück auf dem Weg, den ich gekommen bin zu einem Gasthof mit 6 Zimmern – wovon ich eines beziehen darf. Der Schuppen ist nicht billig, was mir aber unter den gegebenen Umständen   relativ egal ist. Wenn die Leistung stimmt…immerhin gibt es eine Badewanne!

Bis Gernika wären es noch 15 km gewesen. Das wollte ich meinem tapferen Fahrgestell heute nicht mehr antun, um es auf dem weiteren Weg nicht zu überstrapazieren.

Wäsche waschen, Badewanne (das warme Wasser lässt auf sich warten – ich bade lauwarm bis kalt…) – und jetzt einfach einmummeln und den Beinen ein bisschen Ruhe gönnen!

Der Weg hierher war steinig, gebirgig und wegen des schlechten Wetters gefährlich glitschig. Auch die Wetteraussichten für morgen verheissen nichts Gutes, im Gegenteil, es soll noch schlechter werden. In diesem ominösen Haus bin ich offensichtlich der einzige Gast.

Hier gibt es nichts zu essen, die Küche bleibt kalt, und meine Vorräte sind erschöpft. Ich bewege mich also wohl oder übel nochmal durch den Regen den besagten Kilometer ins Dörfchen zurück, um, wieder als einziger Gast im einzigsten Restaurant am Ort, etwas Warmes zu mir zu nehmen. Es gibt Nudeln Bolognese. Die Sosse ohne Fleisch herzustellen, stellt die Köchin offenbar auf eine harte Probe ihres Könnens...die erste Lieferung jedenfalls geht kläglich in die Hose – die Sosse ist gespickt mit dicken Speckstücken, trotzdem ich bei meiner Bestellung ausdrücklich darauf hingewiesen habe, dass ich kein Fleisch esse. Das hat auch bisher funktioniert. Beim zweiten Anlauf klappt es dann – inzwischen versucht mein Magen krampfhaft, die Hoffnung nicht aufzugeben. Immerhin komme ich relativ gesättigt wieder zurück in meinen Geister-Gasthof.

Mittlerweile ist es dunkel draussen. Diese Absteige ist mir irgendwie suspekt – die Schritte des Nachts auf dem Flur veranlassen mich dazu, meine Zimmertür zweimal zu kontrollieren, ob sie auch wirklich verschlossen ist. Wenigstens ist die Dame des Hauses bereit, meinetwegen um 7.00 Uhr nach vorheriger Absprache in der dunklen Küche zu erscheinen, um mir einen Instant-Kaffe und ein paar Kekse anzubieten. Sie gibt mir sogar noch welche als Proviant mit. Wirklich aufmerksam. Bei dem Übernachtungspreis aber immer noch nicht aufmerksam genug, finde ich. Ihr frommer Wunsch, ich solle mit Gott gehen, stimmt mich dann auch wieder versöhnlicher. Sicher erhofft sich die Hausherrin von ihrer noblen Keksspende einen Sündenerlass – der allerdings sehr übersichtlich ausfallen würde...

6.Tag: Samstag, 27. April

Cenaruzza – Gernika-Lumo

Munitibar bis Gernika-Lumo (15 km)

Höhenunterschied: 410m im Aufstieg, 700m im Abstieg, einsame Wegstrecke

Noch 755 km bis Santiago!

Der Winter ist zurück! Kalt und nass!

Nach dem Instant-Kaffee aus der Mikrowelle und zwei Vollkornkeksen mache ich mich auf den Weg Richtung Gernika. Es muss knapp über Null Grad sein – ich kann meinen Atem sehen. Es regnet Schweinchen, und ab und zu kommt ein heftiger Hagelschauer runter.

Ich treffe NIEMAND auf dem vierstündigen Weg. Der Typ ist ständig mit von der Partie...Und spätestens jetzt muß ich mir eingestehen, dass meine Ausrüstung diesen Wetter-Eskapaden nicht gewachsen ist. Zu allem Überfluss schmerzt auch noch die Hüfte unangenehm. Die Hose klebt nass an den Beinen, die Schuhe sind bis zum Bördchen schlammig. Innen hat sich mittlerweile ein kleiner See gebildet, der bei jedem Schritt mitschwingt...komischerweise fühlt sich dieser See angenehm warm an – solange man in Bewegung bleibt. Meine Durchlauferhitzer (Wanderschuhe :0)) sind eben nur mit körperlichem Energieaufwand funktionstüchtig.

Eine kurze Pause ist nur im Stehen möglich – alles ist triefend nass. Ich gebe mir 3 Minuten für eine Banane, zwei Kekse und einen Schluck Wasser. Mehr ist nicht drin bei diesem Wetter. Kein Dorf, kein Café – nix.

In Gernika suche ich völlig durchgeweicht die Herberge auf, die, wie könnte es anders sein, natürlich am anderen Ende der Stadt liegt. Sie öffnet erst in 3 Stunden...Ein netter Spanier zeigt mir den Weg zurück durch die Stadt zur Tourist-Info. Die engagierte Dame dort empfiehlt als gute Alternative zu einer Herberge kleine Hotels – die Differenz

Preis/Leistung sei entscheidend. Wie wahr! Völlig aufgeweicht beziehe ich kurze Zeit später ein einfaches, sauberes – und vor allen Dingen trockenes Zimmerchen im dritten Stock.

Wenige Minuten nach meiner Ankunft erinnert hier alles an einen Bombenangriff: Überall verstreut liegen Klamotten und jedes einzelne Utensil aus dem Rucksack zum Trocknen. Sogar Geldscheine und mein Pilgerausweis. Vielleicht wäre ja doch ein Regenschutz für meinen als wasserdicht angepriesenen Rucksack von Vorteil?

Die Dusche muss warten – mein Magen hängt schon wieder irgendwo im Bereich der unteren Extremitäten. In voller Drecks-Montur traue ich mich in ein Café: Ein Königreich für einen Café con leche und ein Stückchen Mandelkuchen! Danach noch schnell zu Schlecker, dessen Ladenschliessungen Spanien offensichtlich noch nicht erreicht haben. Hier gibt es trockene Schuheinlagen, Tempos für alle Gelegenheiten, Saftpäckchen und Wasser. Zurück im Hotel dann diese göttliche heisse Dusche! Wasser sparen geht jetzt gar nicht.

Im Zimmerpreis ist eine warme Mahlzeit, ein Glas Wein und ein Frühstück enthalten. In kurzer Hose, das einzige Kleidungsstück, das einigermassen trocken geblieben ist, begebe ich mich hinunter ins Restaurant und verleibe mir einen riesigen Teller heisser Fischsuppe ein. Unter den sahnigen Fettaugen kann ich sogar vereinzelt ein paar Krabben ausmachen! So etwas Köstliches habe ich bis dahin hier in Spanien noch nicht gegessen!

Später plane ich im Bett die morgige Etappe. Je nach Wetterlage 8 km oder 23 km – dazwischen geht nicht. Da ist Wald...Da müssen Entscheidungen getroffen werden – und mich beschleicht der Gedanke, dass das gesamte Camino-Projekt von Entscheidungen nur so wimmelt. Was den nächsten Tag betrifft, habe ich noch keine Ahnung, welche richtig sind...Fest steht: Morgen werde ich wieder nass! Leider habe ich aus Gewicht-Reduzierungsgründen die zweite lange Hose – ich muss gestehen, es war eine Qualitäts-Marken- Regenhose...- zuhause wieder ausgepackt. Zu blöd...Heute ist Samstag, und die Geschäfte haben geschlossen, also keine Chance, den Fehler auszubügeln. Ok, am Wochenanfang soll das Wetter endlich besser werden.

Ich denke an Bilbao. Das wird noch eine Herausforderung. Und ich freue mich auf Pobena. Das liegt endlich wieder am Meer – und dann ist sicher auch die Sonne zurück!

Es is ja, wie es is. Und Morgen ist wieder Scheisswetter....Wenn es wieder schön warm wird, und ich bin am Meer, werde ich auch mal wieder eine Herberge testen. Mit NIEMAND im Schlepptau findet man hier sicher immer irgendwo ein Bett, eine Pritsche oder eine Matratze...

Nach Bilbao soll das Höhenprofil erträglicher werden – und dann gebe ich richtig Gummi! Diese erste Woche war die Härte – eine echte Prüfung für Körper UND Seele!

7. Tag: Sonntag, 28. April

Gernika – Lezama (23 km)

‚Zwinge Dich zur Langsamkeit' Novalis

Höhenunterschied Gernika bis Bilbao: 830m im Auf- und Abstieg, schlecht markierter Weg!

Etappe ohne besondere Vorkommnisse.

In einem Landgasthaus in Lezama lerne ich Patrick und Emanuelle kennen: Sie kommt aus Genf, er kommt aus Avignon. Die beiden haben sich unterwegs irgendwie ‚entdeckt', was den Lauf-Rhythmus und die Interessen angeht. Jetzt sind sie schon tagelang zusammen unterwegs und teilen sich aus Kostengründen sogar ein Zimmer, wenn es die Situation verlangt. Der Gedanke erheitert mich, und ich stelle mir vor, mit einem wildfremden, schnarchenden Mann in einem Zimmer zu schlafen dessen Stinkesocken und andere verschwitzte ‚Dessous' auf dem Boden verstreut liegen. Andererseits: In jeder Herberge sieht es nicht anders aus, im Gegenteil. Da potenziert sich die Anzahl der Schnarchenden und die besagter Klamotten noch!

Patrick spricht wirklich ausnahmslos Französisch, und mit Emanuelle sitze ich lange im Aufenthaltsraum und bekomme für meinen weiteren Weg wertvolle Tipps. Sie hat schon etliche Caminos bewandert, und schwärmt immer wieder von den Jakobswegen in Frankreich. Da sei der Geist des Weges noch greifbar… Vom spanischen Camino del Norte ist sie relativ enttäuscht. Zu wenige Herbergen, zu wenig und wenn, dann mittelmässiges Essen, alles und jedermann zu oberflächlich – und dann das Wetter…!

Ich bin noch nicht lange genug unterwegs, um mitreden zu können, aber das, was sie mir vermittelt, gibt mir zu denken…

8. Tag: Montag, 29. April

Lezama – Bilbao (15 km)

Am nächsten Morgen laden mich Emanuelle und Patrick ein, mit ihnen nach Bilbao zu marschieren. Dafür bin ich durchaus dankbar, denn den Weg allein in diese Großstadt zu finden, stelle ich mir nicht sonderlich prickelnd vor.

Leider liegt zwischen Lezama und Bilbao schon wieder ein Berg, den die beiden als trainierte Profi-Pilger in einem Mordstempo besteigen – ich bilde das Schlusslicht und leide. Warum muss ich hinter denen her hechten? Weil ich so entschieden habe!

Komischerweise ist es jedes Mal Patrick, der unverhofft hinter einer Wegbiegung steht und offensichtlich auf mich wartet und dann einen banalen Grund für seine Stopps angibt: Schuhe zubinden, Jacke ausziehen, Jacke anziehen usw. Echt süss – aber irgendwie komisch. Bis Emanuelle mich irgendwann zur Seite nimmt, und mich ganz schüchtern, aber direkt fragt, ob ich ihren Patrick nicht übernehmen möchte – sie müsse am Nachmittag von Bilbao aus nach Hause fahren. Sie habe das auch schon mit Patrick abgesprochen, und er würde gerne mit mir zusammen den Camino weitergehen. Ich stottere sowas wie: ok, wenn er das möchte, wenn ich ihm nicht zu langsam bin, wenn…Sie meint, ich könne auch getrost mit ihm ein Zimmer teilen. Eine klare Ansage vorher würde reichen. Natürlich sage ich ‚Ja' denn ‚Nein' zu sagen war ja noch nie meine Stärke.

Ich versichere ihr, dass ihr Kumpel erst mal gut bei mir aufgehoben ist und ich bestimmt einen würdigen Pilger-Sitter abgeben werde.

In Bilbao angekommen, und nach einer kilometerlangen Wanderung über Asphaltpisten und der vergeblichen Suche nach Wegweisern, stürmen wir mit unseren Schweissfahnen eine Tapas-Bar.

Patricks Teller ist für seine Auswahl viel zu klein – mir hat dieses Wettrennen meinem Appetit jetzt einen Dämpfer verpasst…drei Baguette-Scheibchen mit einem undefinierbaren Topping und ein Gläschen Rotwein – das ist wieder mal viel zu wenig!

Emanuelle stehen die Tränen in den Augen, als sie sich auffällig überstürzt von uns verabschiedet.

Partnerwechsel vollzogen!

Patrick klappert dann mit einer mir unvorstellbaren Geduld mir zuliebe sämtliche Foto-Läden in der Stadt ab. Ich möchte wissen, was meiner Kamera fehlt. Drei unabhängige Fachgeschäfte versichern mir mit mitleidigem Blick, dass da nichts mehr zu retten ist: Weder die Kamera noch meine bis dahin geschossenen Bilder auf dem Memory-Stick. Na toll! Aber ein bisschen Verlust ist immer. Ich kaufe mir kurzerhand eine kleine, feine, neue Kamera aus dem Sonderangebot. Die Alte landet im nächsten Abfalleimer. Offensichtlich hat dieser Apparat die zahllosen Regengüsse nicht überstanden... Wegen der verlorenen Fotos bin ich relativ enttäuscht.

Jetzt heisst es, Herberge suchen. Meine Vorliebe für Tourist-Infos ist immer noch ungebrochen, und dort bekommen wir auch diesmal alle herbergsrelevanten Informationen. Mit Patrick auf dem Weg zum Bus, der uns zur Herberge bringt, krame ich unaufhörlich in meiner Sprachen-Arservaten-Kammer nach den verbliebenen Französisch-Kenntnissen. Was da noch schlummert, wird kurz wieder aufgeweckt, und siehe da, sie reichen für die weiteren nötigen zwischenmenschlichen Verständigungs-Situationen völlig aus.

Nach 25 Minuten Busfahrt erreichen wir die riesige Herberge oberhalb der Stadt Bilbao. 142 Betten. In einem 8-Bett-Zimmer werden wir untergebracht. Die restlichen 6 Betten werden kurz darauf von Italienern belagert, deren feuchte Klamotten das Klima nicht verbessern. Das Zimmer liegt im 7. Stock – demzufolge sind aufgrund etwaiger deprigeschädigter, selbstmordgefährdeter Pilger die Fenster nicht zu öffnen – es könnte ja jemand auf unchristliche Weise sein Pilgerdasein vorzeitig beenden wollen... der tolle Ausblick über die Stadt entschädigt nicht wirklich für diesen Umstand.

In der gigantischen Herberge gibt es nichts zu essen. Also wieder rein in den Bus, runter in die Stadt und nach einem warmen Essen Ausschau halten. Suche erfolglos: In ganz Bilbao gibt es nichts Warmes zu Essen. Lediglich Tapas, soweit das Auge reicht. Salat. Kuchen. Aber nicht mal eine Suppe! Wir bestellen einen furchtbar grünen Salat und ein Stück Flan in Kuchenform. Irgendwie geht mir letzterer quer runter...

Zurück in der Herberge wird die Nacht stinkig, viel zu warm und laut. Einer der Italiener tippt die gefühlte halbe Nacht auf seinem i-pad herum. Der Rest bekommt von mir am nächsten Morgen eine Auszeichnung für die melodischsten Schnarcher, die ich bisher anhören durfte.

9. Tag: Dienstag, 30. April

Bilbao – Portugalete (13 km)

‚Selbst die absolute Dunkelheit kann keine Kerze am scheinen hindern'

Aus Irland

Kaum Höhenunterschied, ausschließlich Asphalt

Regen wie aus Kübeln läutet diesen unheilschwangeren Tag ein. Die Nacht war nicht wirklich erholsam. Während der Pilger-Partnerschaft mit meinem Franzosen, die ja erst wenige Stunden jung ist, habe ich schnell gelernt, alles synchron zu machen: Wach werden, waschen, Rucksack packen...

Beim Frühstück (Ja, hier gibt es was zu essen!) treffen wir auf einen jungen Deutschen, der uns enttäuscht mitteilt, dass sein Camino hier wohl endet. In diesem Wetter wird er seinen Weg nicht fortsetzen, sondern vorzeitig nach Hause fahren. Der Wetterbericht sagt für die nächsten paar Tage nichts Gutes voraus – und genau die paar Tage bleiben dem Ärmsten noch an Urlaub. Er hat die Nase gestrichen voll vom Nasswerden – er spricht mir aus der Seele. Klingt auch sehr vernünftig – aber ich bin ja gerade mal achtTage unterwegs, acht Tage von sechs geplanten Wochen...

Hier wird nicht gekniffen! Mutig erkläre ich Patrick, dass ich selbstverständlich auch bei Starkregen die nächste Etappe mitlaufen werde. Ich bin doch kein Weichei!

Während Patrick damit beschäftigt ist, sich gefechtskampfmässig anzuzwiebeln – stehe ich schon fertig da, weil ich nichts anzuzwiebeln habe. Die Hose wird nach zwei Minuten völlig durchgeweicht sein, die Sintflut meine Schuhe in Kürze gewassert haben, und der Rucksack hält das auch nie und nimmer aus. Mittlerweile habe ich gelernt, Alles, aber auch Alles in Plastiktüten zu verstauen. Das einzige Kleidungsstück, auf das ich jetzt hoffen kann, ist mein neuer Anorak, der sein

Geld wert ist! Ich glaube, mit dem bleibt man auch unter Wasser noch trocken...

Wir marschieren los. Bis Portugalete sind es ungefähr 13 km – natürlich ausnahmslos an stark befahrenen Strassen entlang.

Nach etwa 15 Minuten bin ich nass bis auf die Unterwäsche. Patrick hat seinen Turbo eingeschaltet. Mit seinen Wanderstöcken trabt er in seinem grünen Regenponcho vor mir her – ich habe Mühe ihm zu folgen.

Das Wetter macht mir total zu schaffen, und so langsam kriege ich einen ‚Hals', dass ich mich zu dieser blödsinnigen Aktion bereit erklärt habe. Immer weiter schwebt das grüne Männchen in den Wasserschwaden vor mit her, und so langsam keimt in mir der Gedanke, mich jetzt leicht absetzen zu können...

Stattdessen treffen wir in einem winzigen Supermercado wieder zusammen, einzig um den Laden unter Wasser zu setzen und drei Bananen zu kaufen.

Patrick schaltet einen Gang zurück, und ungefähr auf der Hälfte der Strecke fallen wir mit unserem nassen Zeug in eine Bar ein. Eine Toilette! Ein Café con leche! Ein Croissant! Auf der Toilette ziehe ich meine Schuhe aus und schütte den Inhalt ins Klo. Die Socken wringe ich kurz aus, dann versuche ich, alles wieder anzuziehen. Ekelhaft! Das Croissant muss ich mir komischerweise reinwürgen.

Es braut sich was zusammen...

Auf dem Rest der Etappe regnet es noch stärker, was eigentlich gar nicht möglich schien. Die Stimmung sinkt zunehmend, auch wenn es keiner von uns offen zeigt. Nur eine gewisse negativ aufgeladene Energie ist spürbar.

Entlang farbloser, teils verfallener Hafen- und Industrieanlagen und der Ria de Bilbao geht es weiter bis Getxo. Hier gibt es eine Hängegondel, die Autos und Fussgänger über den Fluss nach Portugalete bringt. Die Überfahrt in dem Scheisswetter kann mich nicht so richtig für diese Erfindung begeistern.

Am Ufer von Portugalete angekommen steuern wir erst einmal wieder die Tourist-Info an. Sie empfehlen uns dort eine Pension oberhalb der Stadt. Letztere liegt nämlich an einem Hang. So steil, dass die Strasse, die nach oben führt, mit Laufbändern versehen ist – vielen, herzlichen Dank dafür, mein Allgemeinzustand verschlechtert sich nämlich in Richtung ‚Nichts geht mehr'. Die Körpertemperatur scheint rapide gegen Null zu sinken, der Bauch besticht durch Krämpfe, und in der Magengegend scheint alles auf Rückwärtsgang eingestellt zu sein.

Die Anmeldung in der Pension kann mir nicht schnell genug gehen – ich muss ins Bett, ins Warme. Und nein, ich bin mit diesem Franzosen in keiner Weise liiert, und nochmals nein, ich möchte mir mit ihm kein Zimmer teilen. Die Info-Dame ist schwer zu überzeugen. Patrick diskutiert Gott sei Dank auch nicht lange, und jeder von uns bezieht endlich seine Zwanzig-Euro-Kammer.

Die Zeit reicht gerade noch dazu, die nassen Klamotten im Zimmer zu verteilen. Zum x-ten Mal. Ich drehe die Heizung auf, die sogar funktionstüchtig ist, und zwei Minuten, nachdem ich bibbernd im Bett liege, muss ich mich übergeben.

Es gibt hier zwei Bäder mit Toilette – die sich aber unglücklicherweise auf dem Flur befinden, und nicht wirklich in meiner Einflugschneise liegen. Ich treffe auf Anhieb ein freies Bad und wundere mich über so viel Gallenflüssigkeit, die mein Magen mühelos hergibt. Diese Prozedur durchlaufe ich noch ungezählte Male, bis ich mich entscheide, Patrick um Hilfe zu bitten. An seiner Zimmertür bekomme ich gerade mal so ein ‚Je suis mal a…..' heraus, da muss ich schon wieder rennen! Danach kurze Pause im Bett, von wo aus ich ihm erkläre, was mir fehlt – und welche Medizin ich benötige.

Er ist total besorgt um mich, flitzt sofort los Richtung Apotheke, besorgt mir ein Mittel gegen ‚Würfelhusten', kauft mir in weiser Voraussicht Bananen, und organisiert Zeitungspapier, um meine Schuhe wenigstens annähernd trocken zu bekommen.

Den halben Tag und die ganze Nacht hindurch kämpfe ich mit Brechen und Durchfall – das ganze Programm! Galle ohne Ende – ein Ei im Flan war wohl schlecht. Oder hat mich das Wetter weichgekocht...?

Am nächsten Morgen geht es mir dank der Medizin etwas besser – der Körper hat ja auch mittlerweile nichts mehr zu bieten.

Patrick erkundigt sich am Morgen ganz lieb nach meinem Befinden, und ich gebe ihm zu verstehen, dass er ohne mich weiterziehen soll. Mein ehrlicher Dank gilt seinen Bemühungen. Völlig gerührt nehme ich noch eine Turbo-Anti-Durchfall-Tablette als Abschiedsgeschenk von ihm entgegen, mit dem Versprechen, sie auch gleich einzunehmen. Süss! Abschliessend noch zwei echt französische Küsschen auf die Wange – dann geht er.

10. Tag: Mittwoch, 1. Mai

Portugalete – Pobena (14 km)

Höhenunterschied: 170m, Asphaltpiste…

Gegen zehn Uhr breche ich auf, nachdem ich mich im Ein-Stunden-Takt übergeben habe. Bis dahin hatte ich gehofft, im Büro meinen Aufenthalt um einen weiteren Tag zu verlängern, um diese blöde Magen-Darm-Geschichte ordentlich auszukurieren. Das Büro bleibt geschlossen. Und die Pension ist menschenleer. Alle sind schon wieder auf dem Camino.

Nach einem aufbauenden Telefonat mit Rolf entscheide ich mich kurz entschlossen, die ca. 14 km bis Pobena in Angriff zu nehmen. Mein Ehrgeiz ist trotz zwei ausgefallener Mahlzeiten und einer nicht zu übersehenden körperlichen Schwäche wiedergekehrt. Eine Tasse kalter Tee, eine kleine Banane und Patricks Durchfalltablette müssen erst einmal reichen.

Der Weg entpuppt sich als völlig ungeeignet für Brechreiz- und Durchfall-Geschädigte: Ein schicker Rad- und Fussweg zieht sich wie Kaugummi fast 12 km bis La Arena. Es ist der 1. Mai, auch Feiertag in Spanien. Und dementsprechend viel Volk ist unterwegs. Rastplätze gibt es regelmässig, allerdings ohne Toiletten. Die Kraft der Gedanken hilft mir, den dringensten Bedürfnissen zu widerstehen. Gigantisch, was geht, wenn man will – oder besser gesagt, muss.

La Arena ist der erste Ort nach Tagen, der wieder am Meer liegt. Ich falle erleichtert ins nächst beste ‚Örtchen' ein, das zu einem netten Strandrestaurant gehört. Dort treffe ich auch Claudia, die mit einem dicken Knöchel zu kämpfen hat. Wir trinken zusammen was, sie Kaffee, ich Minztee, und den restlichen unwesentlichen Kilometer bis zur Herberge von Pobena gehen wir gemeinsam. Es geht mir noch nicht wirklich gut, aber besser.

Am Nachmittag bekommen wir noch eins der dreißig Betten in der Herberge. Ich entscheide mich für das Bett mit dem kürzesten Weg zur Toilette. Das ist sinnigerweise das Bett an der Tür zum Schlafsaal. D.h., jeder der 40 Pilger muss mehrmals an meiner Schlafstätte vorbei. Ich muss unweigerlich an meine Kuschelbude zuhause denken…

Wäsche waschen, Duschen – und dann geht die übliche Suche nach dem Essen wieder los. Der Appetit will noch nicht so richtig, aber mir ist klar, dass ich ohne Essen Morgen nicht weit komme. Dabei fällt mir ein, dass ich seit vier Tagen nichts Warmes mehr zu mir genommen habe…Es wird also Zeit!

Die wenigen kleinen Restaurants sind um diese Uhrzeit voll – Feiertag! Ausbeute: Wieder mal nur ein Panadillo in einer Bar, das ich auch nur zur Hälfte runter kriege – der Magen ist wie zugegipst.

In der Bar treffe das erste Mal Stephanie aus Colorado. Sie war auch erfolglos auf der Suche nach einer warmen Mahlzeit.

Zurück in der Herberge ist diese mittlerweile brechend voll. Leute aus aller Herren Länder! Darunter ein Schwede, ein junger Bursche, der unheimlich schwedisch aussieht und hier die Nacht verbringt, weil ihn seine Füsse ‚killen'. Der ist total verleukoplastiert, der Ärmste. Ansonsten Franzosen, Italiener, Deutsche, und ein Schwabe, den nicht mal die Deutschen richtig verstehen, der aber dafür besonders viel zu erzählen hat.

Am Abend treffen noch verspätet Pilger ein, die auf restliche Matratzen und auf Iso-Matten auf dem Boden im Essraum verteilt werden.

Im Gemeinschaftsraum kocht Stephanie mir fürsorglich einen Pfefferminztee und wir quatschen noch lange über Gott und die Welt auf Englisch. Mit Patrick musste ich zwei Tage lang nur Französisch sprechen – Englisch ist jetzt eine Wohltat für mein Sprachzentrum!

Die meisten der Pilger gehen gegen 20.00 Uhr noch weg. Ich versuche, im Schlafsack ein Minimum an Wärme zu bekommen – in voller Montur.

Ungefähr zwei Stunden später wird es unruhig: Offensichtlich haben alle auf der Suche nach etwas Essbarem auch Alkohol gefunden. Nach deren Rückkehr macht sich in Kürze im Schlafsaal eine explosive Mischung aus Alkohol-Fahnen und Käse-Socken breit. Und bei geschlossenen Fenstern zu schlafen, muss unter Pilgern wohl sowas wie ein Ehrenkodex sein. Unbeschreiblich! Wie gut, dass mein Magen wieder einigermassen ok ist. Ich schlafe trotz allem ganz gut – unter diesen Umständen, und auf einem improvisierten Kopfkissen, das aus einem Häufchen feuchtem Handtuch, einer kurzen Hose und einer Sweat-Jacke besteht....

11.Tag: Donnerstag, 2. Mai

Pobena – Castro-Urdiales (16 km)

Höhenunterschied: 380m Auf- und Abstieg, erst schöner Küstenpfad, dann öde Wegstrecke

Am morgen um 6.30 Uhr Aufbruchstimmung. Irgendein ausgekochter Pilger-Jeck hat kaltblütig den Wecker für ALLE gestellt – vielen Dank auch!

Nach Stunden habe ich endlich eine annehmbare Grundtemperatur in meinem Schlafsack erreicht – die Vorstellung diesen relativ kuscheligen Ort zu verlassen, ist ernüchternd. Während meine untere Gesichtshälfte incl. Nase im Schlafsack verborgen für warme Luft sorgt, beginnt im Schlafsaal das übliche geschäftige Treiben: Taschen- und Stirnlampen gehen an (warum kein Licht, es sind doch eh alle wach?), Tütengeraschel, Rumgekrame, Stolpern über fremde Rucksäcke, Tür auf – Tür zu, Getuschel...

Im Servicio mit zwei Toiletten und zwei Waschgelegenheiten für mehr als dreißig Leute ist die Hölle los. Ich bleib' erst mal im Sack. Dann steckt mir Stephanie im Vorübereilen, dass es sowas wie Zwieback mit Marmelade und heisse Getränke im Gemeinschaftsraum gibt! Jetzt nix wie raus! Neben zwei Pissoirs putze ich meine Zähne, alles schnell verstauen (ich bin immer wieder neu unorganisiert) und ab an die Futterkrippe!

Der späte Vogel fängt gerade noch drei Stück von diesem Pferdebrot und eine Tasse Tee. Eine Banane aus meinem eigenen Proviant muss abschliessend noch herhalten, um einigermassen satt zu werden. Frühstücken kann so unromantisch sein...

Dann Aufbruch mit Stephanie zusammen, die einen viel zu schweren Rucksack zu schleppen scheint – bei dem Fliegengewicht. Sie selbst wiegt locker unter 50 kg – ihr Rucksack wiegt dagegen locker über 9 kg. Sie ist dankbar, die heutige Etappe nicht allein gehen zu müssen. Schliesslich ist sie just aus Amerika eingeflogen, und zudem mache ich mir Sorgen um ihren Allgemeinzustand. Sie fühlt sich nicht wohl – in der Magengegend...?

Unsere ganze Aufmerksamkeit liegt auf der ersten Steigung und ein Blick zum Himmel verheisst nichts Gutes. Wir quälen uns eine fiese, steile Treppe hinauf. Zeitgleich mit dem Erreichen der Anhöhe werden wir von einer atemberaubenden Aussicht auf einen tiefschwarzen Himmel belohnt. Sozusagen als Belohnung für den Aufstieg schüttet es jetzt wie aus Kübeln vor dieser Hochglanz-Kulisse!

Stephanie ist zwar regentauglicher ausgerüstet als ich. Aber wie sie sich so mehr schlecht als recht weiter schleppt, mache ich mir ernsthafte Sorgen, dass sie vor meinen durchweichten Schuhen kollabiert. Wie war noch die spanische Notrufnummer...? Immer wieder bleibt sie stehen, um auszuruhen – mitten unter dieser Mega-Dusche. Tolle Ideen entspringen mir, wie: Bus nehmen, ein Café aufsuchen, ein Hotel nehmen. Ich wäre sofort dabei. Aber nix von all dem ist in Reichweite. Ich kann sie nur motivieren, durchzuhalten (da hinten wird es heller, jeder Berg hat auch eine andere Seite, ich teile mir auch mit dir ein Zimmer, Heute essen wir gemeinsam wie die Fürsten, heisse Dusche wartet etc., etc.)

Nach dem Bezwingen kilometerlanger Asphaltpisten im strömenden Regen weist uns ein Engel den Weg in eine kleine schnuckelige Pension direkt am Ortseingang von Castro-Urdiales. Eigentlich wären wir schon dankbar für einen heissen Tee gewesen – aber, dem Himmel sei Dank: Hier gibt es auch Zimmer! Eins ist noch frei. Wir teilen brüderlich: 12,00 Euro pro Person. Da habe ich schon für eine Herberge mehr ausgegeben...

Stephanie ist völlig fertig. Zuerst fällt sie halb ausgezogen ins Bett – und dann offensichtlich ins Koma! Unsere nassen Klamotten liegen und hängen wieder einmal überall verstreut im ganzen Zimmer herum.

Ich kümmere mich darum, dass unsere Wäsche gewaschen und getrocknet wird, besorge alte Zeitungen zum Trocknen der Schuhe, dusche schön heiss und schreibe in mein Wander-Pilger-Buch.

Sogar mein Schlafsack musste in den Trockner! Ich brauche dringendst eine Regen-Ausrüstung für mich und meinen Rucksack. So geht das nicht. Ich dachte eigentlich, ich sei im Land der Sonne – die Sonnencreme schleppe ich jetzt schon tagelang unbenutzt mit mir herum...!

Am Abend dürfen wir sogar im gleichen Haus speisen! Es gibt hier warmes Essen! Ein schöner Abend, mit leckerem Essen, einem Gläschen Rotwein, netter Unterhaltung und getoppt mit einem angenehmen Gefühl, dass ich schon fast verdrängt hatte: Das erste Mal nach Tagen kann ich behaupten, mal wieder mit Appetit gegessen zu haben und richtig satt geworden zu sein!

Eins habe ich auf meinem Weg schon erkannt: der Camino ist voller Überraschungen! Dafür, dass ich ursprünglich allein auf Wanderschaft gehen wollte, habe ich in den letzten Tagen schon viele Bekanntschaften gemacht, die meine Zeit hier positiv geprägt haben. Meine Sprachkenntnisse in Englisch, Französisch und Spanisch waren Gold wert!

Und gestern wusste ich noch nicht, dass ich heute zusammen mit dieser charmanten, älteren Dame aus Colorado in einem kleinen französischen Eins-Vierziger-Bett liege, und mir mit Ihr die einzige Bettdecke teile.

12.Tag: Freitag, 3. Mai

Castro Urdiales – Liendo (25 km)

Überall hat man den Himmel über sich'

Nach einem richtig guten, ausgiebigen Frühstück brechen Stephanie und ich auf. Sie will heute nur bis Islares laufen, das sind 7,3 km nach meinem Outdoor-Führer, offensichtlich sind es aber um die 10 km. Ich bin mir sicher, dass das als Tagesetappe für mich viel zu wenig ist.

Vorher habe ich Stephanie noch dazu überreden können, ein paar wirklich unnütze Sachen aus ihrem Rucksack zu entfernen. Es scheint ihr Gott sei Dank gesundheitlich besser zu gehen. Am Abend zuvor hatte sie mir erklärt, dass sie mit ihrer Medikamenten-Einnahme nicht up to date war. Jetzt hat sie soweit alles wieder im Griff.

Unterwegs finden wir im Vorbeigehen eine Bar, in der wir, wie könnte es anders sein, eine Fischsuppe bekommen. Dort treffen wir auf ein holländisches Pärchen, mit denen wir uns nett unterhalten.

Der weitere Verlauf dieser vorerst kurzen Etappe bis Islares ist ohne große Anstrengung gut zu schaffen. Stephanie und ich nutzen die gemeinsame Zeit für nette Gespräche.

Bei der Herberge in Islares angekommen, trennen wir uns. Ich möchte auf jeden Fall weiter laufen, und Stephanie macht ja auch wieder einen guten Eindruck. Was auch auf die kleine Herberge zutrifft. Sie liegt direkt oberhalb des Meeres und bietet dem Pilger eine grandiose Aussicht. Die kleine rüstige Frau bezieht ein Bett in einem Schlafsaal, der momentan nur von Männern besetzt ist. Das ist auf dem Camino nichts Ungewöhnliches – für Newcomer höchstens ein bisschen gewöhnungsbedürftig.

Wir verabschieden uns voneinander, nicht ohne vorher unsere Adressen und email-Adressen ausgetauscht zu haben. Ich sehe Stephanie noch, wie sie sich aufmacht, um einen Lebensmittelladen, einen Bäcker oder eine Bar ausfindig zu machen. Irgendwie muss ich unweigerlich an die Jäger und Sammler in der Steinzeit denken. Genauso ist man hier immer auf der Suche nach etwas Essbarem...!

An diesem Tag habe ich schlussendlich etwa 28 km in den Knochen – mit fiesen, verschlammten Steigungen. Ich bin dem ursprünglichen Jakobsweg gefolgt, der um einiges länger ist. Nobel, aber mal wieder falscher Ehrgeiz.

Etwa 3 km vor Liendo treffe ich auf zivilisierte Menschen, die einen Spaziergang machen mit Hunden und Kleinkind. Da kann das Ziel logischerweise nicht mehr so ganz weit sein.

Wir kommen ins Gespräch – die junge Familie möchte ganz in der Nähe eine Herberge eröffnen. Für mich leider etwas spät...! Sie laden mich grosszügig zu sich nach Hause ein, um ein Päuschen mit Wasser zu machen. Stimmt, das Trinken habe ich mal wieder vollkommen vergessen. Wie dem auch sei, am besagten Haus angekommen, ziehe ich schon einmal in freundlicher Voraussicht meine Drecksschuhe aus.

Jetzt stehe ich da auf Socken auf der Terrasse rum, bis mir einer der noblen Herrschaften klarmacht, dass sie nicht ins Haus kommen: Der Bruder hat angeblich den Schlüssel mitgenommen und ist momentan nicht zu erreichen.

Kein Problem. Ich ziehe meine Schuhe wieder an und mit einem kurzen Adios verlasse ich diesen Ort. Zu gern wär ich da auch mal aufs Klo gegangen. Immer diese Versprechungen. Ich tippel weiter und mache mir so meine rückwirkenden Gedanken. Wenn die eine Herberge eröffnen wollen, dann müssen sie aber noch an ihrer Schlüssel-Logistik arbeiten...

Um 20.00 Uhr abends komme ich endlich in Liendo an. Am Ortseingang komme ich immer wieder an unglaublichem Hundeelend vorbei – teils mit lautstarkem Geheul. Und ich kann nichts tun...!

Irgendwo habe ich gelesen, dass es hier ein Super Hotel geben soll – teuer aber unvergesslich schön! Eine Badewanne wäre schon toll…Stattdessen falle ich förmlich in die örtliche Herberge! Da sitzen drei Pilger beim Abendbrot: David, Spanier, Lucia, Deutsche und….die Französin Claudia mit dem Klumpfuss, die ich auf dem Weg nach Pobena kennengelernt habe. Dieses freudige Wiedersehen erinnert an eine Szene aus dem Film ‚Das Boot' (Thomsen, Mensch Thomsen!!!)

David ist ein echtes Knallbonbon! Für seine fast unerträglich gute Laune braucht man einen Waffenschein! Wir teilen Brot, Wein und Käse (ich war vorher noch im Supermercado, um meinen Teil beizutragen) und dann wird eine Pritsche belegt.

Die folgende Nacht ist unheimlich kalt, und die Matratze übertrifft in Sachen Durchgelegen alles bisher Dagewesene: An Schlaf ist kaum zu denken. Gehörte ich zu den wechselwarmen Individuen, wäre ich augenblicklich in den Kälteschlaf gefallen.

In den frühen Morgenstunden nehme ich mir nach einem wirklich nötigen Gang zur eisigen Toilette entgegen aller Bedenken eine Wolldecke aus dem Regal. Von dem nicht selten emsigen Treiben in Herbergs-Wolldecken habe ich schon viel gehört. Wenn man Pech hat, fängt man sich eine Handvoll Flöhe damit ein. Wenn man ganz viel Pech hat, dann ist es eine ganze Armada fetter, gefrässiger Bettwanzen, die sich vorerst unbemerkt auf, dann im Schlafsack breit machen und ungeniert an einem herumknabbern. Die Wunden sollen nicht nur furchtbar aussehen, sondern auch mehr als unangenehm jucken! Steht dann auch noch das übrige Equipment in der Nähe des Bettes, dann nehmen sie auch das noch in Beschlag – so schnell, dass man nicht mal Zeit hat, sich zu ekeln!

Ich habe Glück! Die Wolldecke ist definitiv nicht kontaminiert, und verhilft mir wenigstens für knappe zwei Stunden zu einem Nickerchen.

13.Tag: Samstag, 4.Mai

Liendo – Santona, Berria (15,6 km)

Höhenunterschied: durchwachsen

Es ist 6.30 Uhr, und meine Zimmernachbarinnen, Lucia und Claudia erinnern mich daran, dass ich Frühstücksdienst habe. Den bekommt man aufs Auge gedrückt, wenn man als Letzter abends eintrudelt.

Völlig zerknautscht suche ich im Kühlschrank ein paar essbare Sachen zusammen, decke den Tisch und stelle einen Topf Wasser auf den Herd – einen Wasserkocher gibt es hier nicht.

Während des Frühstücks eröffnet uns Claudia unter Tränen, dass sie ihren Jakobsweg hier und jetzt abbrechen wird: Ihr Fuss schwillt nicht ab. Lucia und ich versuchen ihr noch den Tipp mit dem Quarkwickel begreiflich zu machen – Lucia kann gar kein Französisch, David spricht nur Spanisch. Ihre Hoffnung liegt jetzt bleischwer auf mir – aber was zum Teufel heisst Quark auf Französisch? Ich muss auch passen. So, wie Claudias Fuss sich präsentiert, hätte hier sowieso kein Quark mehr geholfen.

Unter Tränen vertraut sie Lucia noch ihren Stein an, den sie auf dem Weg symbolisch für ihre angesammelten Lebenssorgen ablegen wollte. Ich habe von diesem Brauch gehört, bin aber Lichtjahre davon entfernt, so ein schicksalsträchtiges, dazu noch schwer-wiegendes Teil mit mir rumzuschleppen. Ich muss meine Sorgen wohl oder übel anderweitig loswerden. Früher oder später – oder gar nicht. Der Gedanke keimt in mir, dass ich hier als einzige Pilgerin relativ sorgenfrei umherwandere. Das ist eigentlich No Go...Wir können Claudia nur noch hinterher winken, als sie in Richtung Bushaltestelle davonhumpelt...

Zu dritt brechen wir dann auf. Für heute habe ich mir ein Ziel gesetzt: Ich will bis Santona laufen.

David und Lucia haben ein Mordstempo drauf, da kann und will ich nicht mithalten. Nachdem wir gemeinsam an einer unklaren Wegführung gearbeitet haben, trenne ich mich von den beiden. Schliesslich habe ich den Camino nicht als Wettrennen verstanden.

In Laredo treffe ich an der kleinen Fähre, die nach Santona übersetzt, wieder auf David und Lucia. Am Strand machen wir noch ein paar gemeinsame Fotos, bevor wir uns nach der kurzen Überfahrt in Santona wieder verabschieden. Ich sehe die beiden noch durch die Stadt irren, auf der vergeblichen Suche nach einer Touristen-Info, bei der man sich einen Stempel abholen könnte – ja, könnte, wäre diese Einrichtung nicht genau an diesem Tag geschlossen. Also auch für mich dumm gelaufen – eigentlich hatte ich mir hier ein paar Tipps für einen geeigneten Schlafplatz erhofft.

Ich laufe also auch genauso ziellos und unglaubliche 60 Minuten durch diesen Ort, bis mir eine innere Stimme flüstert, dass ich weiterziehen soll. Eine Entscheidung, die mal wieder goldrichtig ist! Ich beisse die Zähne zusammen und erreiche nach geschätzten 2 km den Strand von Berria. Hier gibt es ein gigantisches Gefängnis und ein riesiges Vogelschutzgebiet.

Irgendwie bin ich mal wieder vollkommen fertig! Trotzdem meine Beine kurz davor sind, ihren Dienst zu verweigern, nehme ich nicht die nächstbeste Pension. Mein Gefühl sagt mir, lieber weiterzusuchen – und dann stehe ich vor diesem knuffigen Landgasthaus. In einem ebenso knuffigen Zimmer, sogar mit Badewanne, falle ich wenig später erst in die Wanne und danach aufs Bett und schlafe tief und fest.

Am Nachmittag freut sich mein Magen in einer Bar über eine kleine Beschäftigung in Form von einem Boccadillo. Das Brot für alle Fälle. Das Magenvolumen scheint mit der Zeit zu schrumpfen, denn schon nach wenigen Häppchen bleibt mir das Essen förmlich im Halse stecken. Kein gutes Zeichen.

Ein Telefonat mit Rolf und Nina, die gerade skypen, erhellt wenigstens das Gemüt wieder ein wenig und tut richtig gut. Zuhause ist alles im Lot.

Zum Abendessen muss ich nur auf die gegenüberliegende Strassenseite – in den hässlichsten Hotel-Bunker am Ort. Trotzdem die mit diesem Glaskasten ganz bestimmt meinem Gasthof irgendwann auf gemeine Weise die Sicht aufs Meer verbaut haben, bin ich dennoch auf dieses einzige Restaurant angewiesen, wenn ich was Richtiges essen will. Eine ‚Plato Combinado' vereint, wie der Name sinnigerweise prophezeit, alles auf einem Teller: Fisch, Gemüse und ein halbes Kilo fettiger Pommes. Der Hunger sollte eigentlich alles reintreiben, aber die Hälfte geht zurück.

14.Tag: Sonntag, 5.Mai

Landgasthaus in Berria

Das Frühstück ist fürstlich! Ich habe mich entschlossen, diesen gastlichen Ort noch einen Tag länger zu geniessen. Zum regenerieren. Das ist mehr als nötig.

Die erholsame Ruhe und ein ungläubiger Blick in den Spiegel, in dem ich mich selbst nicht mehr erkenne, bringt mich zu der Erkenntnis, dass ich in den letzten Tagen viel zu wenig gegessen und getrunken habe, und viel zu wenig Schlaf bekommen habe! Das wird heute alles nachgeholt: Essen, literweise Trinken – und Schlafen.

Am Nachmittag stehen Spaziergang am Strand, ein erneutes Vollbad und die gleiche Fischplatte vom Vortag in dem gleichen unschönen Restaurant auf dem Programm. Das Essen hier in Spanien ist überhaupt nicht meine Liga: Man hat als Vegetarier die Wahl zwischen fettigem Fisch, fettigen Pommes oder Boccadillos mit Käse, Tortilla oder Omelette. Da darf der Magen auch schon einmal beleidigt reagieren…

15.Tag: Montag, 6.Mai

Berria –Güemes (23,3 km)

‚Der Mensch muss lernen, den Lichtstrahl aufzufangen und zu verfolgen, der in seinem Inneren aufblitzt' Ralph Waldo Emerson

Höhenunterschied: 320m, bis auf die Übersteigung der Felsnase El Brusco zwischen den Stränden von Berria und Noja und den Anstieg bei Barejo Flachetappe auf Strand, guten Wegen und Strässchen

23 km bis zur ‚Kultherberge' in Güemes. Der Entspannungstag hat alle Körperfunktionen wieder upgegradet. Da ist es auch nicht weiter schlimm, dass nach den ersten hundert Metern nach meinem Aufbruch sofort der Berg El Brusco im Weg steht. Das ist hochalpin und eher ein Steig für Gemsen, als für zweibeinige Lastenträger. Runter geht's auch nicht eleganter. Wenigstens ist das Wetter gut, da macht der lange Strandabschnitt bis Noja nach dem Abstieg richtig Freude. Obwohl der von einem Flüsschen unterbrochen wird, das man barfuss durchwaten muss. In Noja gönne ich mir ein Mini-Frühstück.

Auf dem Weg aus der Stadt werde ich dann von zwei Polizeibeamten freundlich aber bestimmt von der Strasse gepflückt. Falscher Kurs. Kein Wunder, der Weg ist katastrophal ausgeschildert – oder gar nicht. Im weiteren Verlauf gehe ich mal allein, mal zu zweit, mal in der Gruppe. An diesem Tag hätte ich wieder mindestens drei Hunde am liebsten sofort mitgenommen. Diesen flehenden Blicken kann man kaum widerstehen. Einer hat ein schreckliches Hüftproblem und ist fest entschlossen, mir zu folgen… . Gleich danach kranke junge Kätzchen auf der Strasse. Ein Bauer schenkt mir und Jaques, dem Spanier, den ich zwei Stunden zuvor kennengelernt habe, stolz die Ausbeute seines Besuchs im Hühnerstall: Wir bekommen je zwei nestwarme Eier in die Hand gedrückt. Meine Eier werden kurz darauf an die Katzen verteilt – mehr kann ich nicht tun.

Die Herberge muss zig-Mal erfragt werden, weil die gelben Pfeile fehlen. Ich laufe schon wieder bedrohlich auf Reserve – und nach fünf Tagen habe ich das erste Mal wieder so richtig Hunger! Als die: ‚Albergue de abuelo peuto' endlich in Sicht kommt, ist es nicht verwunderlich, dass sie auf einem Berg liegt – die letzten Meter wird man hier programmmässig auf die Probe gestellt.

Oben angekommen, erweist sich die Einrichtung als richtig nett. Ein offenes Feuer im Gemeinschaftsraum und ein Glas Wasser lassen hoffen. Die 7-Bett-Zimmer, jedes mit eigener Toilette, sind annehmbar. Leider zieht sich die Zeit wie Gummi bis zum Abendessen. Hier kann man auch nichts Essbares kaufen. In dieser exponierten Lage definitiv ein Marktlücke. Aber ich habe Glück: Am Fussende meines Bettes liegt Elke aus Berlin, die mir ein Stück von ihrem Käsebrot anbietet. Damit rettet sie mich vorerst vor dem Hungertod. Elke ist seit ein paar Tagen mit Manni, dem Schnarcher, unterwegs. Mit immer noch unüberhörbaren Protestgeräuschen meiner Verdauungsorgane müssen wir uns alle vor dem für 20.00 Uhr angekündigten Essen noch einen Vortrag des Herbergsvaters anhören. Der mühsam in Englisch und Deutsch übersetzten Geschichte der Herberge, dem Umland und dem weiteren Verlauf des nördlichen Jakobsweges hören wir ausgelaugten Pilger nicht wirklich konzentriert zu. Wie ein Schluck Wasser in der Kurve hängen alle schlapp auf ihren Stühlen.

Das Essen verzögert sich um eine ganze Stunde… Immerhin gibt es leckere Kartoffelsuppe, Nudeln mit Sosse, Wein, Wasser und Obst. Dabei beschleicht mich der Gedanke, ob es dieses Menü hier jeden Tag gibt…Jedenfalls ist die Nacht ganz ruhig.

16.Tag: Dienstag, 7.Mai

Güemes – Santander (15 km)

Kaum Höhenunterschied – alles ist relativ ...

Warum schaffen sich die Herbergen keine Hähne an? Mit dem ersten Hahnenschrei geweckt zu werden wäre doch hier viel stilechter, als mit irgendwelchen high-tech-Klingeltönen von diversen Handys. Hähnekrähen ist in Güemes um 6.30 Uhr. Nach dem gemeinsamen, eigentlich ganz passablen Frühstück werfe ich noch 20,00 Euro in die Spendenurne – für die ganzen Annehmlichkeiten.

Zu fünft brechen wir auf nach Santander. Allerdings erst, nachdem Steve, ein Deutscher junger Wilder, die Toilette zum x-ten Mal aufgesucht hat – nach einer bewegten Nacht auf derselben. Magen-Darm! Ein bisschen blass um die Nase, rollt er aber bald das Feld von hinten auf. Hinten dran: Elke, Manni, Sid und ich. Später setze ich mich von den anderen ab, um mit einem deutschen Ehepaar die vom Outdoor-Führer empfohlene Kasper-Route nach Somo zu gehen.

Ein Traumhafter Weg oberhalb der Steilküste. Grandiose Aussicht! Trotz Nieselregen und verhangenem Himmel.

Irgendwann überholt uns Gottfried, der Rheinländer aus Bad Neuenahr. Er ist 70 Jahre alt und war vor langer Zeit mal Hundetrainer in Sinzig. Das ist ein Katzensprung von meinem Geburtsort entfertnt. Die Welt ist klein.

Gottfried ist schnell, und ich hänge mich dran, weil wir beide Rheinländer sind. Der Mann hat furchtbar viel zu erzählen. Irgendwann finde ich heraus, dass er den Camino gar nicht auf die ehrliche Tour läuft: Er ist mit Camping-Bus und Frau unterwegs. Und er trägt einen viel zu kleinen Rucksack mit merkwürdigem Inhalt: Leere Wasserflaschen erwecken dem nichts Ahnenden den Eindruck, dass der Rucksack prall gefüllt ist. Ausser den leeren Pet-Flaschen führt er noch ein leichtes

50

Sitzkissen und einen Knirps mit sich. An vorher ausgemachten Stationen trifft er sich mit seiner Frau, die natürlich nach einer vorherigen telefonischen Ankündigung schon das Essen auf dem Gasgrill hat. Auch die Wäsche macht sie ihm – da lassen sich die Kilometer beschwingt ablaufen.

Großherzig lädt er mich zu einem Kaffee ein, wenn wir auf seine Frau samt Campingbus treffen.

Das Büschen steht auf einem Parkplatz am Meer. Stolz präsentiert mir Gottfried sein Gefährt – und seine Frau. In dieser Reihenfolge.

Seine Frau bedauert, jetzt keinen Kaffee für uns machen zu können. Der Kocher ist im hinteren Teil des Wagens, und da sei jetzt schlecht dranzukommen. Ein neugieriger Blick ins Innere bestätigt ihre Aussage: Heute war wohl Waschtag, und das gesamte Interieur des Busses ist mit Unterwäsche dekoriert. Der Kocher muss sich dementsprechend unter einer der zahlreichen Herrenunterhosen befinden...macht ja nix. Noch ein kurzes Pläuschchen, und ich verabschiede mich von Gottfried und seinem fahrenden Waschsalon. Vielleicht bekomme ich irgendwo anders einen Kaffee.

Später treffe ich auf Stefan, den Turbo-Österreicher am Bootsanleger für die Fähre nach Santander. Der läuft mindestens 30 km und mehr täglich! Santander kann ihn auch nicht aufhalten...

Nach der Überfahrt sehe ich in einem Café ein paar bekannte Pilger. Wir trinken zusammen den längst überfälligen Kaffee und verabschieden eine alte Bekannte, die sich hier ein Hotelzimmer gönnt und am Nächsten Tag nach Hause fliegt. Danach mache ich mich auf die Suche nach der Herberge.

Vor einer Bar frage ich ein paar eingefleischte Spanier nach dem Weg – und sie fragen, woher ich komme. Ich oute mich nichtsahnend als Deutsche – und plötzlich wird einer von denen richtig fies. Er fängt an, mich zu beschimpfen.

Einem zeternden Spanier kann ich mit zwei Semestern Spanisch an der Volkshochschule beim besten Willen nicht folgen. Klar ist: Es geht um die Eurokrise und dem damit verbundenen Sparkurs, der den Spaniern aufgebrummt wurde. Tut mir leid, aber da muss er sich an Frau Merkel wenden. Deren Name mir auch ein paarmal förmlich vor die Füsse gespuckt wird: Der Typ ist stock besoffen. Als er anfängt, mich zu schubsen, schreiten endlich die anderen ein. Einer meiner Retter erklärt mir noch geduldig den Weg zur Herberge, dann schleiche ich mich davon. Die Herberge ist hundert Meter weiter in einem Gässchen, im dritten Stock eines unscheinbaren grauen Kastens.

Die Herberge in Santander wirkt ziemlich lieblos. 38 Pilger schlafen in einem Saal. Für 38 Pilger gibt es insgesamt 2 Waschbecken und 6 Toiletten – d.h. für Männlein und Weiblein jeweils die Hälfte. Die Toiletten sind nur im Rückwärtsgang zu begehen. Hose rauf und runter gleicht einer Zirkusnummer…na ja, ist ja nur für eine Nacht.

Nach dem ‚häuslichen' Einrichten gönne ich mir einen Stadtbummel. Der Bar mit dem angriffslustigen Spanier gehe ich dabei gezielt aus dem Weg. Ich kaufe Postkarten und schreibe diese im Stadtpark, wo ich auch zu Abend esse: Brot, Käse, Wasser. Stilecht. Wie ein Tippelbruder. Bei meiner Rückkehr hat sich die Herberge ordentlich gefüllt.

17.Tag – Mittwoch, 8.Mai

Santander – kurz vor Santillana del Mar (35 km)

Höhenunterschied: 490m im Aufstieg, 410m im Abstieg, lange Etappe, schlechte Wegmarkierung

Um 8.00 Uhr muss man die Herberge von Santander spätestens verlassen haben. Das bekommt man vom Herbergsvater schon beim Einchecken unmissverständlich, nachdrücklich und unnötig unfreundlich klar gemacht Also wieder mit dem Hahn raus.

Nach einem ganz passablen kleinen Frühstückchen treffe ich am Ausgang auf Jaques und Carmen. Jaques ist Franco-Spanier und Carmen ist, wie der Name unschwer erahnen lässt, Spanierin. Ungefragt hänge ich mich an die beiden dran. Schliesslich haben wir ja alle das gleiche Ziel. Nicht ganz uneigennützig, denn: Diese Etappe hat einen Pferdefuss: Da ist von einer verbotenen Abkürzung über eine Eisenbahnbrücke die Rede. Verboten, aber gleichzeitig empfohlen. Cool, da bin ich gespannt – aber bitte nicht alleine!

Nachdem wir so zu dritt etwa eine geschlagene Stunde aus dem Stadtzentrum (Santander ist für Pilger ganz schön gross) rausgetrödelt sind, laufen wir stundenlang auf Asphalt. Carmen ist eine Plaudertasche erster Güte. Verstehen kann ich Einiges – meine eigenen Wortbeiträge fallen dagegen relativ kläglich aus. Ein paar Fetzen Spanisch kriege ich mit, die beiden scheinen eine lebhafte Diskussion über die Euro-Krise zu führen – der Name Angie Merkel fällt verdächtig oft. Mal wieder…

Die offiziell verbotene, aber heiss ersehnte Abkürzung gestaltet sich tatsächlich als verwirrend. Ob die Gelenke 33 km strapaziert werden oder 40 km, das kann schon entscheidend sein. 7 km zu viel haben einigen schon die Tour vermasselt… spontan kommt mir in dem Zusammenhang der Gedanke an den Schubladendauertest bei einem bekannten schwedischen Möbeldiscounter :0)

Diese Tour hier ist ein Sehnen, Bänder, Gelenke und Fusssohlen-Dauertest…

Mit der kombinierten Wegbeschreibung zwei verschiedener Outdoor-Führer finden wir schliesslich den unscheinbaren Einstieg auf einem schmalen Pfad neben den Bahngleisen. Kurz vorher irren wir noch über eine Wiese durch kniehohes Gestrüpp. Carmen findet, dass dies ein wunderbarer Aufenthaltsort für alle möglichen Krabbeltiere sein könnte – vornehmlich für Schlangen... . Dann, auf dem schmalen Fussweg auf der Eisenbahnbrücke, schalten wir alle drei automatisch einen Gang höher. Die Vorstellung, dass einen knappen Meter neben uns ein Zug vorbeirauscht, löst bei allen einen kleinen Adrenalin-Kick aus... aber es klappt.

Etwa 10 km vor Santillana del Mar wollen wir in eine Herberge. Die ist wegen Überbelegung geschlossen. Auch bei einer weiteren in der Nähe sind die Kapazitäten erschöpft. Ich glaub es nicht. Aber der Camino del Norte wird immer beliebter, und die Spanier scheinen noch nicht darauf vorbereitet zu sein. Überhaupt könnten sie da, wo sich die Pilger wie auf einer Ameisenstrasse in diese eine Richtung nach Santiago bewegen, ein bisschen flexibler auf diese erschöpften und ausgehungerten Lastenträger reagieren. Vor allem, was das Angebot an Schlafplätzen und die Beschaffung von Nahrungsmitteln betrifft. Da gibt es noch Handlungsbedarf... .

Jaques, Carmen und ich sind uns einig, dass wir heute nicht mehr bis Santillana laufen. Vor der überfüllten Herberge bestellt Carmen uns telefonisch ein Taxi, und zu dritt fahren wir ein paar Kilometer durch die Landschaft. Das Taxi spuckt uns vor der privat geführten Herberge ‚Arco Iris' aus.

Böse Falle!

‚Arco Iris' entpuppt sich als mein Alptraum schlechthin! Arco Iris bedeutet übersetzt: Regenbogen. Das klingt nett. Grundsätzlich ist eine solche familiär geführte Herberge bei vielen Pilgern eine abwechslungsreiche und begrüßenswerte Einrichtung. Viele Faktoren können temporär aber auch einen negativen Eindruck hinterlassen. Wenn das Wetter farblos und ungemütlich ist, sind nicht nur die äußeren Umstände, sondern damit verbunden auch schonmal schnell die Stimmung schlecht. Wenigstens den Stimmungspegel kann man in einem solchen Fall mit spanischem Rotwein etwas nach oben korrigieren...

Manni, Sid, Steve und Elke sind auch schon angekommen.

Ich belege ein Zimmer mit Carmen, und schon bei der Inspektion der Betten fängt das Grauen an: Es gibt keine einzige Lichtquelle, das Bettzeug fühlt sich klamm und klebrig an. Wir graben uns bis zur Matraze vor – auch die ist mehr als feucht. Der Steinboden ist feucht, die Wände sind feucht, das Fenster ist nicht zu öffnen. Macht ja auch wenig Sinn, da es draussen mittlerweile auch schon wieder feucht ist. Wir sind uns nicht wirklich sicher, ob es hier auch ‚Tierchen' gibt.

Das Bad ist wunderbar freizügig für alle Geschlechter begehbar. Es versteht sich von selbst, dass es auch hier furchtbar feucht zugeht. An den Waschbecken gibt es nur kaltes Wasser – die Duschen sehen überhaupt nicht einladend aus. Elke wagt einen Blick in die Nasszellen – und verweigert sich. Ich muss meinen Schweinehund in eine der Duschen reinprügeln. Mit meinen Badeschläppchen zur Fusspilzprophylaxe bewaffnet und einem permanent gehetzten Blick zur Tür, die ja bekanntlich für jedermann offen ist. So richtig trocken wird man hier nach dem Duschen auch nicht, da das Handtuch innerhalb von Minuten seinen Zweck nicht mehr erfüllt.

Nachdem ich stolz die Duschen überstanden habe, wasche ich mit kaltem Wasser ein paar Sachen durch. Der Wäscheständer steht im Wohnzimmer. Mit verstohlenen Blicken in die Pilgergemeinde, die sich teilweise dort aufhält, hänge ich neben Wohnzimmerschrank und dem ewig lärmenden Fernseher meine Funktions-Unterwäsche auf. Die Aussicht, dass die Sachen bis zum nächsten Morgen trocken sein könnten geht auf Null. Natürlich schwingt auch hier in der guten Stube die klamme Kälte längst mit einem breiten Grinsen das Zepter. Diese Bude ist ein Eldorado für Schimmelpilz! Der Großvater sitzt zwei Meter neben meinen Unterhosen und dem Sport-BH. Er bewegt sich nur, um umständlich ein paar Butternudeln zu essen. Unter Aufsicht schluckt er dann eine ganze Batterie Medikamente – danach gilt seine Aufmerksamkeit wieder uneingeschränkt der seinem Hörunvermögen entsprechend laut eingestellten TV-Werbung.

Ich fühle mich hier ausgesprochen unwohl und bin kurz davor, einfach abzuhauen. Aber die Dämmerung hat, genauso wie die feuchte kalte Nebelwand, längst unser Quartier bedrohlich umzingelt.

Mittlerweile ist eine halbe Schulklasse inclusive zwei Betreuern angekommen. Sei kein Frosch, ermahne ich meinen Schweinehund. Wenn die Kids hier überleben, dann wirst du das auch.

Draussen vor der Küche, in die ich aufgrund des berechtigten Risikos, Herpes zu bekommen, lieber nur einen klitzekleinen Blick reinwerfe, sitzen alle meine Pilgerfreunde um einen Tisch. Die Stimmung ist sozusagen im feuchten Keller. Und irgendwie klebt hier ALLES! Um den Aufenthalt für alle etwas erträglicher zu machen, spendiere ich etwas Käse und zwei Flaschen des verdächtig günstigen Rotweins. Nach dem Genuss des Letzteren machen wir uns jetzt alle auf deftigem Hochdeutsch endlich unverhohlen Luft über die hiesigen Zustände. Die Stimmung ist jetzt richtig gut. Der Sohn des Hauses führt diese Herberge ganz allein mit seiner Mama – Hut ab - und dem eben erwähnten Opa. Hier klebt alles. Was die Gäste nach zwei Flaschen Vino tinto allerdings nur peripher tangiert. Die Mama will auch an unserer mittlerweile stimmungsvollen Party teilnehmen, und setzt sich dazu. Bis zum Abendessen läßt mich unsere multikulturelle Sitzung für kurze Zeit mein Unbehagen an diesem Ort vergessen.

Um 20.00 Uhr sitzen alle am Tisch im Wohnzimmer. Bis auf die Schüler, die passen nicht mehr rein und müssen eine weitere Stunde warten. Es gibt einen Salat, der garantiert vorher kein Wasser gesehen hat. Alle stochern verstohlen darin herum auf der Suche nach eventuell noch lebender Fleischeinlage. Der Hunger treibts rein. Keiner von uns will sich hier was holen...Dann das Übliche: Nudeln mit Fleischsosse. Da ich mich früh genug als Vegetarier geoutet habe, beweist Jose seine Flexibilität in Sachen Sonderwünsche, und stolz bekomme ich kalte Käseplätzli serviert, garniert mit einem weiteren ungewaschenen Salatblatt. Ich bin begeistert!

Während ich noch über die eventuellen Folgen des Verzehrs meines Sonderwunsches auf dem Teller sinniere, bewegt sich der Opa tatsächlich von seinem Platz und begibt sich mit einem Plastikkrug aus dem Haus. Das bleibt auch den anderen nicht verborgen und schon gehen wilde Spekulationen los, wohin und warum der Opa den Sessel verlässt, auf dem er bis dahin wie festgetackert gesessen hat. Übrigens: Ich esse alles, was mir serviert wird. Auch den handwarmen Joghurt mit Erdbeeraroma, der von einer Papp-Palette an alle verteilt wird.

Schliesslich warten am nächsten Tag wieder etliche Kilometer auf mein längst bedrohlich geschrumpftes Energie-Reservoir…!

Als ich endlich auf meiner klammen Pritsche liege, höre ich im Wohnzimmer nebenan die jungen Leute der Schul-Pilgergruppe. Sie mussten lange auf ihr Essen warten. Aus logistischen Gründen...

Der Wein und die Müdigkeit sorgen dann doch noch für eine erstaunlich ruhige Nacht in meinem Schlafsack. Letzterer ist die einzige Möglichkeit, diese feuchte Nacht einigermassen trocken zu überstehen.

18.Tag – Donnerstag, 9.Mai

Santillana del Mar – Cobrezes (13,2 km)

Santillana del Mar bis San Vicente de la Baquera: Höhenunterschied: 700m im Aufstieg, 750m im Abstieg, abwechslungsreiche Etappe. Mal ländlich, mal küstennah.

Alle wollen an diesem Morgen nur noch weg von diesem unsympathischen Ort. Meine am Vortag gewaschene Wäsche ist kein bisschen getrocknet. Ich packe alles in Plastikbeutel und muss feststellen, dass nasse Wäsche tonnenschwer wiegt! Auf das Frühstück, das ich am Vortag gebucht habe, verzichte ich gerne. Und nicht nur ich... .

Zusammen mit Steve, Manni, Sid und Elke geht es wieder stundenlang auf Betonpisten Richtung Cobrezes. Im strömenden Regen versteht sich. Zuerst durchqueren wir das mittelalterlich anmutende Städtchen Santillana del Mar. Hier scheint die Zeit wirklich stehengeblieben zu sein, mit dem Unterschied, dass es im Mittelalter bestimmt um 10.00 Uhr morgens schon an irgendeiner Strassenecke etwas Essbares gegeben hat... . Das Gesprächsthema Nummer eins ist natürlich die gestrige Absteige inklusive ihres lebenden Inventars. Trotzdem sich der Dauerregen schon wieder langsam aber sicher zu den unteren Schichten unserer Kleidung vorarbeitet, sind wir vor lauter Freude, diesem Loch einigermassen unbeschadet entkommen zu sein, ganz guten Mutes.

Übrigens: Was die hier beschriebenen Empfindungen meinerseits angeht – ich stehe dazu. Kritik kann sehr subjektiv wiedergegeben werden. Was allerdings meinen Eindruck bezüglich dieser Herberge betrifft: Ich war damit nicht allein!

In einem Hotel auf dem Weg können wir endlich ein kleines Frühstück bekommen. Mittlerweile sehen wir aus wie Wegelagerer und setzen den Frühstücksraum in Null Komma nix unter Wasser. Nasse Jacken hängen überall rum, die Rucksäcke verteilt – von den Schuhen ganz zu schweigen. Die kurze Pause nutzen Manni und Steve, um mit Karte und Steves GPS eine Abkürzung auszuklamüsern. Mir ist es nur recht, denn der Regen weicht nicht nur die Schale, sprich, die Klamotten mit der Zeit auf, sondern auch den Kern, sprich, die Psyche.

Nachdem wir alle auch noch den Weg zur Toilette mit unseren Dreckschuhen markiert haben geht es los. Wir helfen uns gegenseitig wieder in die von diversen Markenherstellern versprochen garantiert wasserdichten Outfits. Die Ponchos sind besonders komplizierte Überzieher, weil sie ja auch noch über den Rucksack reichen sollen. Ich habe nichts als meinen nahtgeschweissten, sündhaft teuren Anorak gegen die Wassermassen – aber auf den ist Verlass. Die Herstellerfirma kann von mir mit 99 Gummipunkten rechnen. Meine Habseligkeiten im Rucksack sind alle eingetütet, da kann so schnell nichts mehr passieren. Der Zustand der restlichen Kleidung samt Schuhe bedarf keiner weiteren Beschreibung – alles ist durchgeweicht. Dann startet unsere kleine Karawane – allen voran Steve mit seinem GPS.

Den restlichen Verlauf der Strecke nach Cobrezes könnte man als Wettrennen im Starkregen bezeichnen. Steve ist flott unterwegs, und der Rest der Gemeinde muss zwangsweise die Gangart ändern, um nicht abgehängt zu werden. Schliesslich befinden wir uns auf der besagten Abkürzung, ohne die geringste Chance auf eine Wegmarkierung oder Anzeichen von Zivilisation. Nicht nur mir bricht nach kurzer Zeit der Schweiss sogar unter meinem atmungsaktiven Regenschutz aus. Den anderen geht es noch schlechter: Unter den Plastik-Ponchos muss es jetzt genauso kesseln wie drüber. Da ist nichts mit atmungsaktiv…Dann, irgendwann, treffen wir tatsächlich wie von Steve und Manni berechnet wieder auf den ausgeschilderten Weg. Jetzt traut sich Elke endlich zum Pippi machen in die Büsche. Vor lauter Angst, den Anschluss zu verlieren, hat sie sich das bisher tapfer verkniffen. Noch dazu, wo sie offensichtlich ein kleines Blasenproblem hat.

 Ab dem ersten wieder sichtbaren gelben Pfeil auf einer vermoderten Holzkonstruktion zieht Steve jetzt alle geschwindigkeitstechnischen Register und wir verlieren ihn aus den Augen. Vielleicht wollte er sich von diesem Rattenschwanz von Amateurpilgern befreien, wer weiss. Ich jedenfalls habe ihn seitdem nicht mehr wiedergesehen…

Zu viert laufen wir nach Stunden in Cobrezes ein. Am Wetter hat sich nichts geändert, dafür aber an der allgemeinen Konstitution.

Wir freuen uns tierisch auf ein trockenes Plätzchen in der angepeilten Herberge – die wir aber auch nach einer gefühlten Ewigkeit des Suchens in dem Dorf nicht finden können. Eine schicke grosse Kirche ist schon da – die dazugehörige Klosterherberge ist nirgendwo auszumachen. Kirchen werden ja immer wieder gerne an exponierten Stellen errichtet – in diesem Fall mal wieder unglücklicherweise auf einem – BERG! Es regnet immer noch, und ich habe einen Mordshunger.

Zwei Mal irren wir durch den Ort, zwei Mal ackern wir diesen vermaledeiten Berg hoch, in der Hoffnung, dass sich irgendwelche Klostermauern öffnen und nette Mönche uns den Weg ins trockene und warme Paradies zeigen. Fehlanzeige. Bei dem Wetter ist sowieso keine Menschenseele auf der Strasse, niemand, den man mal fragen könnte.

Noch so eine Ehrenrunde verkrafte ich nicht! Vor einem ausgewiesen pilgerfreundlichen Landgasthaus verweigere ich mich. Für mich hat hier die Herbergssuche ein Ende. Die anderen sind genauso am Limit und wir versuchen unser Glück. Und siehe da, das Paradies befand sich genau hier – nachdem wir zweimal dran vorbeigelaufen sind.

Ich teile mit Elke ein Zimmer mit Bad. Traumhaft! Die beiden Männer wollen getrennt schlafen. Manni, damit er in Ruhe schnarchen kann, und Sid, damit er ohne Mannis Geschnarche in Ruhe schlafen kann. Perfekt! Es gibt sogar ein Häuschen weiter einen kleinen Supermarkt, in dem ich Kekse, Käse, Müsliriegel, Kartoffelchips und eine grosse Flasche Fruchtsaft kaufe. Dieser Ort ist ein echter Glücksfall! Elke und ich sammeln noch von den beiden Männern die Dreckwäsche ein und sorgen dafür, dass alles gewaschen und getrocknet wird. Später liegen Elke und ich auf dem Ehebett. Zwischen uns die Chipstüte, dazu Multivitaminsaft. Im ganzen Zimmer verstreut wieder das gewohnt Bild der Verwüstung: Socken, Kleidungsstücke, pitschnasse Schuheinlagen, vom Wasser schlaffe Pilgerausweise, jedes Tempotaschentuch, ALLES! Aber wir sind selig! Da stört es auch wenig, dass der Mörder im Fernsehen auf Spanisch mordet.

Bei einem Blick aus dem Fenster am späten Nachmittag sehen wir die Gruppe von Schülern, die wir in der Regenbogen-Herberge angetroffen haben, bepackt mit vollen Plastiktüten aus unserem winzigen Supermercado kommen. In ihrem Schlepptau Günther, den wir auch bei Jose zuletzt gesehen haben. Er humpelt verdächtig schwerfällig hinter den jungen Leuten her, die ihrerseits keinen besonders lebendigen Eindruck machen. Günther hat uns bei Jose schon recht anschaulich von seinen Blasen erzählt. Von unserem warmen, gemütlichen Domizil aus ergehen wir uns genüsslich in irgendwelchen Phantasien, in welchem Loch die gerade Vorbeigezogenen wohl hausen, und Günthers Blasen werden kurzerhand zu handtellergrossen, offen Geschwüren hochstilisiert. Dann wieder ab ins warme Bettchen. Bei dem anhaltenden Regen jetzt noch einmal rauszugehen, um etwas Warmes zu Essen zu suchen – der Gedanke ist unvorstellbar!

Am Abend tauscht Elke ihren Knirps mit mir gegen ein halbes Boccadillo mit Tortilla, das ich schon den zweiten Tag mit mir rumtrage. Jetzt besitze ich einen zusätzlichen Regenschutz, auch für meinen Rucksack, und Elke ist satt!

19.Tag: Freitag, 10. Mai

Cobrezes – San Vicente de la Barquera (26 km)

Ein besseres Frühstück kann es auch im Paradies nicht geben! Nach einer wunderbar erholsamen Nacht in einem richtigen Bett und menschenwürdigen sanitären Anlagen tummeln sich an diesem Morgen auch die anderen Gäste des Hauses an dem liebevoll gestalteten kleinen Frühstücksbuffet. Darunter auch zwei nette Franzosen, einer der Beiden mit seiner Enkelin. Die Stimmung ist allgemein gelöst – schliesslich haben die heutigen Wetterverhältnisse schon die Runde gemacht: Der Regen hat sich verdrückt! Toll, jetzt schleppe ich das erste Mal einen Knirps mit mir rum, und prompt entpuppt er sich als Ballast.

Unsere beiden Männer Manni und Sid haben am Abend zuvor in einer Snack-Bar noch mit Günther gesprochen. Sein Zustand war mehr als bedenklich. Er und die pilgernden Schüler haben die Herberge in der Zisterzienser-Abtei gefunden und dort übernachtet. So ein Pech aber auch. Der Schlafsaal war spartanisch und die Nacht dort eiskalt, da es mal wieder keine Heizung gab. Ihre feuchten Klamotten haben alle auch feucht wieder mitgenommen – in Ermangelung eines Trockners. Die Ärmsten. Elke und ich sind uns einig, dass uns die Hand Gottes absichtlich wohlwollend an dieser heiligen, aber bescheidenen Schlafstätte vorbei- und nicht hineingeführt hat.

Unsere kleine Gruppe bewegt sich unaufhörlich wieder in Richtung Atlantik! Unterwegs fotografiere ich wieder verwahrloste Hunde. Auch Elke ist total entsetzt, und wir kämpfen beide kurz mit den Tränen.

Nach etwa 2 Stunden bekommen wir die wohlverdiente kleine Kaffeepause. Nach sechs Stunden erreichen wir die 46-Betten Herberge in San Vicente de la Barquera. Die natürlich wieder wo liegt? Klar, auf einem Berg! Das nennt man Buße tun!

Nach dem üblichen Verwöhnprogramm in einer der winzigen Nasszellen machen wir uns gemeinsam zu einem Stadtbummel auf. Mit dabei:

Klausi, dem wir vorher schon ein paarmal auf dem Weg begegnet sind, mal hinter uns, mal vor uns. Keine Ahnung, wie der das macht. Jedenfalls hat sich Klausi offenbar in den Kopf gesetzt, uns mit seiner Anwesenheit dauerhaft zu beglücken. Seit einem Café-Besuch in San Vicente klebt er an unseren Fersen. Mir ist er von Anfang an irgendwie zu aufdringlich. Und dann diese wiederholten Schilderungen seiner blasengebeutelten Füsse! Ungefragt bekommt man von Klausi permanente updates seiner eiternden oder blutenden Wasserbeulen. Ekelhaft! Während er uns in dieser Beziehung lebhaft auf dem Laufenden hält, lege ich mein Schoko-Croissant erstmal beiseite, um es später zu essen.

Am Abend sitzen 34 Pilger im Herbergs-Foyer, das jetzt als Esszimmer fungiert. Es gibt – welche Überraschung: Fischsuppe! Danach einen Nudelsalat mit Brot. Auch die beiden netten Franzosen sind mit von der Partie. Einer der beiden ist mein Tischnachbar und wir quatschen ein bisschen auf Französisch. Er ist mehr als aufmerksam und füllt mit einem Grinsen immer wieder ungefragt mein Weinglas…

In der Nacht muss ich mal für kleine Mädchen. Mit Taschenlampe geht es in dem schmalen Gang vom Bett bis zur Tür über Rucksäcke und Dreckwäsche. Hätte ich nicht so viel getrunken, müsste ich nicht auch noch ein zweites Mal raus…

Principado de Asturias – Fürstentum Asturien

20.Tag: Samstag, 11.Mai

San Vicente de la Barquera – Colombres (20 km)

San Vicente de la Barquera bis Llanes: 740m Auf- und Abstieg. Bis Llanes wären es von hier aus 42,2 km gewesen...

Seit ich den Schirm von Elke übernommen habe, scheint die Sonne. Dementsprechend gut kommen wir voran. Es ist nicht zu heiss, und wir wandern ausserdem auf schönen, schattigen Pfaden durch Eukalyptuswälder. Die ja hier eigentlich gar nicht hingehören. Der Eukalyptus wurde vor vielen Jahren hierher gebracht, hauptsächlich zur Papiergewinnung. Diesen Bäumen gefiel es hier in diesem feucht-warmen Klima sehr gut – zu gut. Denn mittlerweile wächst den Spaniern der Eukalyptus buchstäblich über den Kopf, und sie versuchen, ihn wieder loszuwerden. Was sie nämlich vorher nicht wussten: Diese Pflanze verdrängt jegliche andere Vegetation, indem sie ihr die Sonne nimmt und das Wasser abgräbt. Ja, ja, die Geister, die ich rief... .

Nach geschätzten 20 km und einer netten Kaffeepause unterwegs erreicht unsere kleine Gruppe Colombres. Elke und ich stürzen uns sogleich in einen Supermercado, um unseren Proviant aufzufüllen. Reine Vorsichtsmassnahme. Man weiss nie, ob und wo die nächste Futterkrippe ist. Im festen Glauben dass die Herberge um die Ecke ist, kaufen wir mit leerem Magen ein. Dementsprechend bepackt machen wir uns auf den Weg zur Herberge. Der führt uns – wie könnte es anders sein – einen Berg hoch. Mitsamt dem gerade wirklich nutzlosen Schirm und meinen Einkäufen incl. Wasserflaschen schleppe ich locker knappe 10 kg diese scheinbar nie endende Steigung hoch. Dazu die Sonne!

Oben angekommen, taumeln wir zur Herberge ‚Das blaue Haus', das sich glücklicherweise direkt am Ortseingang befindet – unglücklicherweise ist es noch geschlossen. Während wir auf den Herbergsvater warten, packen wir unsere gerade erworbenen Lebensmittel aus, um wenigstens den Magen zufriedenzustellen.

Nach der Anmeldung bekommen wir ein 8-Bett-Zimmer zugewiesen, das sich gegen Abend als ziemlich kalt erweist. Das Bad ist auch gewöhnungsbedürftig. Es ist wieder mal nicht nach Geschlechtern getrennt, unter der Dusche läuft man Gefahr, sich zu verbrühen, und das Duschwasser läuft ungehemmt in den Duschraum, in dem es in Kürze kein trockenes Fleckchen mehr gibt. Nicht mal Haken, um das Handtuch aufzuhängen, geschweige denn ein Plätzchen, wo man seine relativ frischen und bis dahin trockenen Sachen ablegen kann.

Am Abend gehe ich mit Elke ins Dorf um einen Vino Tinto für 1,50 Euro zu trinken inklusive Erdnüsse. Ein Gläschen Wein abends tut immer richtig gut – wenn sich mal die Gelegenheit dazu bietet. Auf jeden Fall hilft es, eine kalte Nacht besser zu überstehen. In der gelösten Atmosphäre der kleinen Bar lassen Elke und ich den Tag noch einmal Revue passieren.

Elke hat ein Bett unter Manni belegt, den sie in der Nacht mit Fusstritten gegen die Matratze von unten am Schnarchen hindern kann. Direkt neben ihr schläft ein Spanier. Manni erzählt vor dem Schlafengehen noch ein par seiner Pilgeranekdötchen, danach erfreut er alle weiter mit einem Schnarchkonzert...

Elke unterhält sich am Morgen leidenschaftlich mit ihrem Bettnachbarn auf Deutsch während er genauso leidenschaftlich auf Spanisch auf sie einredet. Dass keiner der Beiden versteht, was der andere sagt, wird mit Lautstärke und Gestikulieren ausgeglichen. Da treffen zwei Welten aufeinander! Ich gebe vor unserm Abmarsch und in Ermangelung eines Frühstücks ganz grosszügig eine Runde Schweineöhrchen aus, vorerst unwissend, dass sich während der Nacht ein Batallion Ameisen darin eingenistet hat. Elke's Spanier macht mich höflich darauf aufmerksam, dass in der Verpackung gerade das grosse Krabbeln stattfindet...peinlich. Und schade: Das wäre mein Frühstück gewesen...

21.Tag: Sonntag, 12. Mai

Colombres – Llanes (23 km)

Ohne Schweineöhrchen, also mal wider mit leerem Magen, geht es frühmorgens weiter Richtung Llanes. Eigentlich möchte ich meinen Weg ganz gern mal wieder alleine gehen. Das war ja auch von Anfang an meine Absicht. Klar, dass man unterwegs mal den ein oder anderen Pilger kennenlernt, und auch mal ein oder zwei Tage gemeinsam geht. Aber diese Gruppe wird mir langsam zu groß.

Ich warte immer noch auf die innere Ruhe und Eingebung, die man auf dem Jakobsweg bekommen soll. Leider hat sich bei mir bis jetzt so ein Gefühl noch nicht eingestellt. Dieser Weg mutiert irgendwie so langsam zu einem Wettlauf. Ein Wettlauf mit der Zeit, dem Abreissen von Kilometern. Und diese tägliche Suche nach etwas Essbarem und einem Bett.

Ich nehme mir vor, wenn wir in Llanes ankommen, einfach eine Station weiter zu laufen. Mir wird bewusst, dass ich in der Gruppe meinen eigenen Bedürfnissen, auch denen nach Ruhe, nicht gerecht werden kann. Ich habe meinen individuellen Rhythmus verloren, dem ich während der ersten Woche vertraut habe. Sich von einer bestehenden Gruppe nach Tagen abzusetzen, ist leider nicht so einfach. Man meint es ja nicht persönlich, trotzdem weiss man nicht, wie die anderen reagieren.

Die 23 km bis Llanes ziehen sich. Als wir auf einer Anhöhe das Küstenstädtchen schon von weitem sehen können, steigt die Stimmung. Der Weg führt ein paar Hundert Meter am Meer entlang, dann überqueren wir eine Strasse, die nach Llanes führt. Das Ziel scheint in greifbarer Nähe zu sein. Der gelbe Pfeil zeigt in eine ganz andere Richtung: Ja, natürlich – einen Berg hoch.

Während wir der Wegmarkierung folgen, kommen Zweifel auf. Immer höher führt der steinige Weg, immer weiter weg von Llanes. Mittlerweile sind wir so weit und so hoch oben, dass es auch keinen Sinn mehr macht zurückzugehen. In einem riesigen Bogen oberhalb von Llanes geht es weiter, und Unmut macht sich breit. Wir fühlen uns verschaukelt! Wären wir an der Strasse entlang gelaufen, wären wir längst da. Irgendwann beginnt der ziemlich steile Abstieg, der Knie und Hüfte nochmal auf eine harte Probe stellt. Für heute habe ich genug Buße getan! Wäre ich meinem Bauchgefühl gefolgt, wäre mir diese unnötige Umgehung erspart geblieben.

In der Stadt völlig erschöpft angekommen, gebe ich meinen Plan, den Weg alleine fortzusetzen, jetzt auf. Zumal wir auf dem Marktplatz die beiden netten Franzosen wiedersehen, die irgendwie einen Narren an mir gefressen haben, denn ich werde als Einzige von ihnen mit einem grossen Hallo, einer Umarmung und einem Küsschen begrüsst. Fast peinlich…Sie müssen mich nicht lange überreden, hier zu bleiben. Sie preisen die örtliche Herberge über alle Massen. Was nicht wirklich nötig ist. Ich will nur noch duschen, essen, schlafen… .

In der Herberge angekommen, wird von einer wortkargen Spanierin, die auch als Nonne hätte durchgehen können, frisches Bettzeug verteilt. Es ist hier ausdrücklich verboten, den eigenen Schlafsack auszupacken auszupacken. Zu groß ist das Risiko, dass es mit Ungeziefer kontaminiert sein könnte. Mir soll's recht sein.

So muss früher ein Heim für schwer erziehbare Pubertierende ausgesehen haben. Ich beziehe mit Manni, Sid und Elke ein 4-Bett-Zimmer. Wobei wir feststellen müssen, dass die Etagenbetten nicht mal annähernd einer TÜV-Prüfung stand gehalten hätten. Wer hier das untere Bett belegt, schläft gefährlich. Das Bad dagegen kann sich sehen lassen. Endlich haben wir Frauen mal ein Bad ganz für uns alleine!

Im Foyer der Herberge gibt es eine Möglichkeit ins Internet zu gehen. Kostenlos! Wie fortschrittlich! Ich kämpfe mich durch meine mails, die in der Zwischenzeit zu einem unübersichtlichen Klumpen angewachsen sind. Welche Freude! Eine Housemouse-Muttertagskarte von meiner Nina! Den ganzen Tag hatte ich schon genügend Gelegenheit, über Sinn und Unsinn dieses besonderen Datums nachzudenken – jetzt freue ich mich hexenmässig, dass es sie gibt: Den Muttertag und den Sinn desselben. Auf dem Handy wartet zudem noch eine mindestens genauso süße Muttertags-SMS von Rolf. Ich bin zu Tränen gerührt und werde tatsächlich ein wenig wehmütig...

Am Nachmittag gehe ich mit Manni und Sid ins Zentrum. Wir haben mal wieder Hunger. Elke will Obst essen und ein bisschen das Alleinsein geniessen. Sie hat seit Tagen ein Verdauungsproblem. Diesmal ist das viele Weißbrot schuld. In der City angekommen, ist um diese Uhrzeit weit und breit nichts zu Essen zu bekommen. In einer einsamen Bar schlagen wir die Zeit mit Rotwein und Kartoffelchips tot. Danach laufen wir, jetzt nach diesem Appetizer mit noch mehr Hunger, ziellos herum.

Bis wir ein Lokal finden, das ein Menu del dia anbietet und uns Einlass gewährt, sind zwei Stunden vergangen. Für 10,00 Euro pro Person sind wir dabei. Als Vorspeise gibt es Paella, danach Fisch mit Salat. Zum Nachtisch wähle ich eine Banane - für alle Fälle. Manni hat leichtsinnigerweise Flan bestellt. Ich erzähle ihm in allen Einzelheiten die Story mit meiner Magen-Darm-Sache, und meinen Verdacht, dass es der Flankuchen in Bilbao war – und er lässt seinen Flan stehen.

Satt und zunehmend müde zurück in der Herberge haben mir inzwischen die beiden Franzosen einen Streich gespielt, und die Laken in meinem Bett kunstvoll so gesteckt, dass ich nicht rein kann. Sehr witzig. Elke hat sie reingelassen und es erlaubt. Sie fand die beiden Lausbuben mit ihrem Streich total süss.

22.Tag: Montag, 13. Mai

Llanes – Ribadesella (32 km)

Höhenunterschied: 450m im Auf- und Abstieg

Nach einer überraschend schnarcharmen Nacht früher Aufbruch nach Ribadesella. Fünf Stunden marschieren wir bis Pineres. Immer mehr oder weniger dabei: Clausi. Ab und zu sitzt er irgendwo rum, tut so, als würde er seine Füsse warten, wartet, bis wir aufgeschlossen haben. Dann ist er plötzlich wieder mittendrin. Irgendwie schleicht er sich gekonnt in die Gruppe ein. Er tut ja keinem was, aber er ist anstrengend aufdringlich. Elke tut er leid, und sie kümmert sich ein bisschen um ihn. D.h., sie muss ihm nur stundenlang ihr Ohr leihen. Ich wette, das hält sie nicht durch...

In Pineres füllen wir in einem kleinen Geschäft unsere Vorräte auf. Clausi kauft Käse, Brot und Wein, und gibt Elke durch die Blume zu verstehen, dass er das alles nur für sie tut. Elke bleibt noch relativ gelassen – sie will ihn nicht vor den Kopf stossen. Manni entschließt sich hier in Pineres zu bleiben. Er hat im Vorbeigehen eine Unterkunft entdeckt und will hier zurückbleiben. Er braucht mal Zeit für sich allein – die brauchen wir alle ganz nötig.

Bis zu einer nahegelgenen Herberge laufe ich noch mit. Elke und Clausi entscheiden sich dafür, hier die Etappe für heute zu beenden. Ich will mich auch gerne absetzen. Dazu muss ich mich leider von Elke verabschieden – der Abschied von Clausi ist mir eher ein Bedürfnis. Dann entscheidet sich Sid spontan, mit mir weiter zu marschieren. Zu zweit geht es jetzt zügig voran. Während die anderen wohl schon geduscht bei Wein und Käse sitzen, beisse ich die Zähne zusammen und stelle mir vor, in einer Eisdiele ein mega grosses Glas Mandelmilch zu trinken – eisgekühlt, versteht sich.

Dieser Tag ist wie alle anderen vorher schon, kaum zu toppen. Satte 32 km haben wir in den Socken, und die qualmen entsprechend. Die letzten Kilometer in die Stadt rein kommen mir irreal lang vor – sprich: ich kann nicht mehr!

Am Ortseingang von Ribadesella werden wir von einer Pensions-Wirtin abgefangen. Wir gehen dieser geschäftstüchtigen Frau mit Hund ins Netz, und sie zeigt uns den Weg zu ihrer Pension, wofür wir uns kurzerhand entscheiden. Kein Schritt mehr, oder ich kollabiere. Für 15,00 Euro die Nacht mit Frühstück sind wir dabei. Vorher schleppen wir uns noch in den dritten Stock hoch über schmale Holztreppen. Im vierten Stock schauen zwei kleine Katzen aus dem offenen Fenster in den Abgrund. Die sind m.E. mehr als absturzgefährdet...

Das Zimmer, das ich mir mit Sid teile, ist knuffig – die Aussicht weniger. Aber wegen der guten Aussicht bin ich ja auch nicht hier. Hauptsache endlich mal wieder ein richtiges Bett! Es gibt sogar eine recht liebevoll eingerichtete Küche. Das Bad für alle ist auf dem Gang, aber sauber und völlig in Ordnung.

Nachdem ich mit Sid kurz die obligatorische Bettenwahl und die übrigen räumlichen Grenzen abgesteckt habe, gehen wir runter in die Stadt, auf der Suche nach der Touristen-Info. Wie erwartet hat sie mal wieder geschlossen – oder sie hat zu. Montags sowieso. In unserer privat geführten Herberge bekommen wir keinen Stempel für den Pilgerausweis...ich habe die Idee, es in einem Hotel zu versuchen. Und siehe da, an der Rezeption drückt uns ein netter Herr einen Stempel auf den Lappen. Jetzt ist mir aber echt nach einer Mandelmilch! Die Suche nach derselben gestaltet sich äusserst schwierig, was auch wieder nicht wirklich verwunderlich ist. Die Mandelmilch wird in einer Bar dann durch ein grosses Glas Weizenbier ersetzt.

Zurück in der Pension koche ich mir in der Küche eine Instant-Gemüsebrühe und esse mein in Pineres erstandenes Käse-Boccadillo. Man weiss nie, wann man auf dem Weg etwas Essbares bekommt, deshalb sorgt man am besten immer vor. Während ich in der Küche esse, geht Sid nochmals in die Stadt, um etwas Warmes zu ergattern. Viel Glück!

Dann taucht Loulou in der Küche auf, ein Franzose. Er pilgert schon eine Ewigkeit durch die Weltgeschichte, und seine Erscheinung passt dazu wie Arsch auf Eimer. Er füttert mich zum Dessert mit Profi-Pilger-Tipps. Sid lässt sich Gott sei Dank Zeit in der Stadt, sodass ich noch in Ruhe die Etappe für den nächsten Tag planen kann. Was sich schwierig gestaltet, weil sie entweder zu kurz oder zu lang sein wird. Eine Alternative gibt es nicht. Morgen schaffe ich nicht schon wieder 30 km... auf Dauer will ich auch wieder alleine weiterwandern. Ich will die Freiheit geniessen, meine Entscheidungen nicht dauernd mit anderen diskutieren zu müssen.

 Und ich warte immer noch auf eine Message von da oben, die man auf dem Weg irgendwann erhalten soll. Der Sinn des Lebens eben. Meines Lebens. Die Erleuchtung lässt auf sich warten. Wahrscheinlich, weil meine Gedanken nur ums Wetter, eine Schlafstätte und das Essen kreisen wie eine Fliege um den Haufen. Mal schauen. Ich sehe noch ein paar Fotos durch und schlafe danach so fest ein, dass ich nicht mal mitbekomme, als Sid zurückkommt.

23.Tag: Dienstag, 14. Mai

Ribadesella –Colunga (20,4 km)

Ribadesella bis Sebrayu: Höhenunterschied: 700m Auf- und Abstieg

Bis La Isla Küstenweg, ab hier weiter ins grüne Hinterland

Endlich mal wieder selbstbestimmt aufstehen! Sid befindet sich noch im Tiefschlaf. Ganz nebenbei bemerkt, um jegliche möglichen aufkommenden Zweifel von selbsternannten Moralisten aus dem Weg zu räumen: Er ist nicht an mir interessiert – und ich nicht an ihm. Auf dem Jakobsweg ist es nicht ungewöhnlich, dass man sich aus Kostengründen ein Zimmer teilt, wodurch es für beide Parteien nur noch die Hälfte kostet. Wenn die Chemie stimmt, ist das völlig normal. Wenn sie nicht stimmt, sollte man davon absehen. Genauso, wenn sie zu sehr stimmt… . :0) Im Übrigen kann man auf diese Weise besser die Individual-Distanz wahren als in einer Herberge. Da liegt man teilweise wie die Sardine in der Dose. Und wenn man noch mehr Pech hat, zwischen zwei Stinkern oder Schnarchern – egal, welchen Geschlechts.

Ich schleiche mich also gekonnt aus dem Zimmer und in die Küche – wo der Franzose gerade fertig ist mit Frühstücken. Er will schon aufbrechen. Dabei ist es gerade mal 7.00 Uhr morgens. Wir drücken uns zum Abschied, und ich höre noch das Ächzen der Holztreppe. Dann stellt sich die ersehnte Ruhe ein. Ich presse mir 2 Orangen, der Kaffee steht schon bereit. Klasse! Allerdings ist hier wie so ziemlich überall richtiges Brot Fehlanzeige. Es gibt abgepackte, puffige, viel zu süsse Croissants und das übliche Pferdebrot in Form von so einem komischen Frühstückszwieback. Ok, man ist hier längst bescheiden geworden. Hauptsache, der Gruppendruck ist weg, was sich prompt positiv auf meine Verdauung auswirkt. Gerade zurück vom Klo, steht der Gruppendruck in Form von Sid in der Küche… .

Nach dem Frühstück Katzenwäsche, Rucksack packen und los. Sid und ich sind uns einig, dass jeder seinen Rhythmus finden sollte. Also läuft mal er vor, dann mal ich – aber wir treffen immer wieder irgendwo zusammen. Das kommt davon, wenn man auf demselben Weg unterwegs ist und gleich schnell. Ich fühle mich gut, auf keinen mehr Rücksicht nehmen zu müssen. Auf dem letzten Viertel treffen wir wieder zusammen. Nach insgesamt ca. 6 Stunden und einer kurzen Kaffeepause kommen wir in Colunga an. Kurz vorher hätte es in La Isla eine Herberge gegeben. Die Wahrscheinlichkeit, dort wieder auf Clausi und die anderen zu treffen, wäre dort aber sehr gross gewesen.

Auf der Suche nach einer Unterkunft schwebt wieder so ein Engel daher und bietet in Colunga ein Hotel- zimmer zu Pilgerkonditionen an: 30,00 Euro für Übernachtung im Doppelzimmer mit Frühstück und abendlichem Pilgermenü. Wer kann dazu schon ‚Nein' sagen. Für die Herberge hätten wir locker das Gleiche bezahlt – ohne Pilgermenü.

Wir beziehen ein nettes Doppelzimmer mit eigenem Bad. Ich wasche im Waschbecken noch schnell ein paar Stinkesachen durch, dann Fusspflege und ausruhen. Sid telefoniert lange mit seiner Frau und ist fasziniert von der Wettervorhersage im Fernsehen. Um zu begreifen, dass sich genau über uns ein dickes, fettes Tief festgesetzt hat, muss man kein Spanisch können.

Mit dem gegenseitigen Versprechen, nicht weiter übers Wetter zu reden, sind wir um 19.00 Uhr die einzigen Gäste im hoteleigenen Restaurant. Es gibt eine super leckere – na? –ja! Fischsuppe mit einer Einlage, die ihres gleichen sucht. Da schwimmen Scampis und halbe Fische drin herum. Der Hauptgang besteht aus gefüllten Zwiebeln mit Thunfisch in Tomatensauce, dazu Bratkartoffeln. Zum Dessert wird Torte angeboten – ich nehme stattdessen einen Pfirsichsaft. Das leckere Essen und der unglaublich günstige Preis für alles wird mit einer Flasche Rotwein gefeiert! Die auch im Preis mit drin ist. Leider serviert mir nach diesem opulenten Mahl mein Magen die Quittung. Ich schlafe aber irgendwann drüber ein…

24. Tag – Mittwoch, 15. Mai

Colunga – Villaviciosa (16 km)

Höhenunterschied: siehe 23. Tag (Sebrayu – Gijon: 800m Auf- und Abstieg)

Villaviciosa bis Gijon mit dem Bus

Die Nacht war richtig schön erholsam und ruhig. Jetzt muss nur noch aus dem All-Inclusive-Wohlfühlpaket das Frühstück abgearbeitet werden. Um 8.00 Uhr sitzen wir bei O-Saft, gutem Kaffee und Tostados bis zum Abwinken. Tostados sind die Luxus-Variante des Pferdebrots, das es hier üblicherweise zum Frühstück gibt. Sie bestehen aus in Olivenöl gebratenen Baguette -Scheiben. Ich esse schonmal für den Tag im Vorraus. Was drin ist, ist drin.

Um 8.30 Uhr machen wir uns auf den Weg. Nach gerade mal 100 Metern durch die Stadt läuft uns Clausi mit seinen Jesuslatschen fast über den Weg. Der ist mir am frühen Morgen jetzt wirklich zu anstrengend. Der Tag hat so gut angefangen. Wir sind uns einig, dass wir ihm einen gebührenden Vorsprung gewähren und ziehen dann los. A propos Jesuslatschen: Clausi scheint tatsächlich den Camino ohne festes Schuhwerk zu bestreiten. Seine Sandalen müssen schon gefühlte Erdumrundungen mitgemacht haben, so wie die aussehen. Wenn ich da an seine offenen Blasen denke – die allerdings noch keiner von uns gesehen hat...und die jetzt, im Verlauf der heutigen Etappe, wohl den Härtetest machen dürften: Die Vorstellung, mit derart kaputten Füßen in Sandalen kilometerlange Matschwege zu begehen, ist nicht wirklich prickelnd... auch Clausis Socken würde ich nicht mal mit spitzen Fingern anrühren – ich wette, die leben schon... also auf der Ekelskala ziemlich weit oben.

Der Weg ist bergig und anstrengend. Morastige Pfade, die von dichtem Gestrüpp gesäumt sind, stellen den Pilger hier auf die Probe. Die Luft ist schnell raus. Das Wetter ist besser als erwartet – bis auf einen kräftigen Regenguss ganz passabel. Dafür wiegt heute das Gepäck seltsamerweise unheimlich schwer. Die Luftfeuchtigkeit hier direkt am Meer tut ihr Übriges: Der Schweiss fliesst in Strömen.

Dann, hinter einer Wegbiegung, stehen urplötzlich Elke und Manni auf dem Weg – zusammen mit Clausi. Hatten wir die nicht vor zwei Tagen abgehängt? Die grosse Überraschung weicht einer allgemeinen Wiedersehensfreude! Der Himmel hat offensichtlich davon Wind bekommen und meint, die kleine Zusammenkunft mit einem kräftigen Wolkenbruch begiessen zu müssen. Alle haben Mühe, ihre Regenklamotten noch rechtzeitig überzuziehen. Ich spanne den von Elke erstandenen Knirps auf und muss schnell feststellen, dass der dem Unwetter nicht gewachsen ist. Der kleine Knirps versucht sein Bestes, fliegt mir aber ein paarmal unkontrolliert gefährlich um die Ohren. Die Frage, wie der Knirps zu seinem Namen gekommen ist, hat sich hiermit in Windeseile beantwortet.

Die letzten 10 km marschieren wir zusammen bis Villaviciosa. Elke klagt mir ihr Leid: Clausi hat gehörig genervt. Aber sie wäre nicht Elke, wenn sie ihm nicht freundlich aber bestimmt zu verstehen gegeben hätte, dass er seine ausführlichen Blasengeschichten und seine Neugier in Zukunft auf ein für seine Mitmenschen erträgliches Minimum besser reduzieren sollte.

In Villaviciosa nimmt sich Manni spontan ein Zimmer in einem Hotel. Der Rest der Gruppe geniesst erst mal einen grossen Café con leche in einer Bar. Und wir Frauen freuen uns jedes Mal über die seltene Gelegenheit, mal eine richtige Toilette benutzen zu dürfen.

Im Verlauf dieser gemeinsamen Pause eröffnet uns Elke eröffnet mit Tränen in den Augen, dass sie total Heimweh hat. Hinzu kommen Wetter und Erschöpfung. Sie will versuchen, heute noch einen Bus nach Deutschland zu bekommen. Die Enttäuschung, hier abbrechen zu müssen, paart sich schnell mit der Euphorie, nach Hause zu kommen. Die nächsten zwei Etappen bis Gijon kann sie auch nicht mehr laufen. Eine davon ist 28 km lang mit einem Höhenprofil von 800 Metern, und sie ist ziemlich am Ende ihrer Kräfte. Ich will zwar noch nicht nach Hause, aber der Gedanke, die 28 km über die Berge nach Gijon in einem warmen, trockenen Bus zu umgehen, ist reizend! Elkes Plan ist ebenso genial wie verführerisch. Für jeden Vollblut-Pilger natürlich ein absolutes No Go! Während wir Amateur-Pilger noch mehr über das Für als über das Wider diskutieren, latscht Clausi auf seinen vollkommen verschlammten Sandalen Richtung örtlicher Herberge. Der Mann verdient gerade ausnahmsweise meine vollste Hochachtung! Da bekomme ich mit einem Ohr mit, dass Sid auch den Bus nimmt. Schliesslich, findet er, könnten wir ja Elke nicht einfach so alleine fahren lassen, sicher bräuchte sie in Gijon unsere Hilfe. Na bravo!

Die Busfahrt bis Gijon kostet gerade mal 2,90 Euro pro Person. Für 2,90 Euro haben wir soeben unsere Pilgerseele verkauft... rein wirtschaftlich gesehen aber auch zwei Übernachtungen gespart :0).

Die Busfahrt ist herrlich! Wir sind richtig gut drauf. Draussen sehen wir ab und zu ein paar Pilger laufen, eingehüllt in ihre Plastik-Ponchos, denn es regnet schon wieder kräftig. Wir räkeln uns genüsslich in unseren Plüschsitzen, warm und trocken. Das Leben kann ja so schön und einfach sein, wenn man es zulässt!

Elke erwischt am Busbahnhof in Gijon tatsächlich noch den Bus nach Bilbao, von wo aus sie am nächsten Tag mit einem Fernreisebus weiter nach Deutschland fahren will. Ihre freudige Erregung, hier und heute den Jakobsweg abzubrechen, ist nicht zu übersehen. Wenn ich da an Claudia, die Französin mit dem Klumpfuss, zurückdenke...die war untröstlich, dass sie ihren Weg abbrechen musste. Elke dagegen sprüht nur so vor Begeisterung! Ok, ein paar Tränchen verliert Elke dann doch noch, als wir uns voneinander verabschieden. Dabei schleicht sich tatsächlich auch bei mir eine melancholische Stimmung ein, die mich mehr berührt, als mir lieb ist... Männer sind da ja anders. Jedenfalls lässt sich Sid nichts anmerken. Oder habe ich da was übersehen? Betont eifrig sendet er positive Signale aus, nach dem Motto: ‚Und das Leben geht doch weiter'.

Die Tourist-Info von Gijon ist leicht zu finden, direkt am Meer. Dort bekommen wir unsere Stempel und lassen uns ein paar Tipps bezüglich einer passablen Unterkunft geben. Mit einem Stadtplan, so gross wie ein Platzset, finden wir schnell die Strasse, in der sich zwei Pensionen befinden. Die erste wird kurz inspiziert und einstimmig für unsympathisch erklärt. Die Zweite nehmen wir dann ohne Gegenwehr. Sie ist genauso unsympathisch, aber jetzt fehlt die Energie, um weiter zu suchen. Wir beziehen je ein Doppelzimmer für 12,00 Euro, ohne Frühstück. Es ist an der Zeit, nochmal ein bisschen Privatsphäre zu haben. Dieses Etablissement liegt im dritten Stock. Bad und WC befinden sich auf dem Flur, um zehn Ecken herum.

Sid hat heute Bergfest, und lädt mich auf einen Wein ein. Das ist auch der Grund, warum ich ihm das bessere Zimmer überlasse. Meins ist um einiges kleiner, die Aussicht aus dem einzigen, winzigen Fensterchen ist hundsmiserabel, die Zimmertür klemmt.

Mit meinen Flip-Flops steige ich vorsichtig in die Duschwanne, die auch schon länger keinen Lappen mehr gesehen hat. Dann die übliche Warterei, bis irgendeine Kneipe aufmacht und es zur Abwechslung mal was Warmes zu Essen gibt. Eigentlich bin ich schon viel zu müde zum Essen – aber Morgen liegen wieder 26 km vor mir, von Gijon nach Aviles. Die Prognose ist ernüchternd: Es soll schon wieder, bzw. immer noch, regnen. Ausserdem geht die Strecke erst einmal 4 km aus Gijon raus und vor Aviles lange durch Industriegebiet. Nicht wirklich motivierend…

Das Wetter macht mir schwer zu schaffen! Und die Kondition lässt aus unerklärlichen Gründen auch zunehmend zu wünschen übrig. Ist das Fleisch schwach, dann reitet auch bald das kleine Teufelchen keck auf der linken Schulter und redet dem Geist nicht gerade aufmunternde Worte zu. Irgendwie beneide ich jetzt Elke, die auf dem Weg nach Hause ist…diese Absteige hier ist auch mal wieder das letzte Loch. Wenn ich was gelernt habe auf dem Weg, dann ist es Bescheidenheit. Bei dem Wetter kann man auch unmöglich in die Herberge. Da friere ich mich schlaflos durch die Nacht. Die Temperaturen sind für die Spanier ebenfalls völlig ungewöhnlich: Es ist viel zu kalt und viel zu nass!

Um 20.30 Uhr öffnet ein Italienisches Restaurant. Das ist hier was ganz besonderes! Nicht die Öffnungszeit, sondern die Art Restaurant. Endlich mal ein ruhiges Plätzchen! Leider ist nach so viel Anstrengung und Warten aufs Essen der Appetit verschwunden. Ich schaffe nur die halbe Pizza – und Sid verputzt dankend die andere Hälfte, nachdem er sich einen riesigen Teller Nudeln einverleibt hat. Meine Verbrennungsmaschine bekommt zu wenig Energie, das weiß ich leider nur zu gut. Die Vernunft treibt es rein, nicht der Hunger. Mein Magen muss ordentlich geschrumpft sein.

Auf dem Rückweg zur Pension laufen wir an einem richtig schwarzen Afrikaner vorbei, der sich sofort an unsere Fersen klebt. Sein Englisch ist schrecklich, trotzdem gibt er uns freundlich, aber bestimmt zu verstehen, dass er unbedingt mit nach Deutschland kommen muss. Offensichtlich hat unsere Unterhaltung auf Deutsch einen gewissen Jagdtrieb in ihm ausgelöst. Im Gegensatz zu diversen Spaniern, die ich auf dem Weg kennen- aber sicher nicht immer alle lieben gelernt habe, schwärmt er von Deutschland – dem gelobten Land. Deutschland ist toll, Deutschland ist mächtig, Deutschland ist so sozial – Deutschland wartet sehnlichst auf diesen schwarzen Mann! Nachdem ich ihm verbindlich erklärt habe, dass wir kein Geld besitzen und arme Pilger sind, auf dem Weg in eine besonders schäbige Absteige, schleicht er sich davon, immer noch etwas Unverständliches in seinen Bart murmelnd...

In der Pension angekommen, kämpfe ich mich noch die Treppe hoch bis in den dritten Stock. Ich verabrede mich mit Sid mehr oder weniger verbindlich zum Frühstück in einer Bar unten auf der gleichen Strasse. Trifft man sich, geht man höchstwahrscheinlich den Weg gemeinsam weiter. Trifft man sich nicht, geht man getrennt. Also dann, bis Morgen – oder auch nicht... .

Das Schloss meiner Zimmertür zickt schon wieder rum. Ich versuche es mit Gefühl, mit Gewalt, begleitet von Flüchen und gutem Zureden. Irgendwann, keine Ahnung wie, komme ich endlich in mein Zimmer. Nach dieser Aktion entscheide ich, die Tür gar nicht mehr abzuschliessen. Was, wenn ich in der Nacht mal für kleine Mädchen muss? Der Weg zum Klo ist schon eine gefühlte Weltreise über knarrende Holzplanken und um drei Ecken rum. Irgendein ausgekochter Erbsenzähler hat zudem auch noch das Licht auf dem Flur so eingestellt, dass es nach drei Sekunden wieder aus geht – dann steht man null komma nix im Stockdunkeln – und der nächste Schalter muss dann erst mal ertastet werden...

Bevor ich mich auf mein quietschendes, durchgelegenes Lager bette, macht sich eine verständliche Skepsis breit, die Zimmertür aus o.g. Gründen nicht abzuschliessen. Da kommt mir die glorreiche Idee mit dem Becher! Mein Outdoor-Becher aus Titan wird von innen an die Klinke der Tür gehängt. Das muss scheppern, sollte es jemand darauf abgesehen haben, in mein Königreich für Arme einzudringen. Mit dem überaus beruhigenden Gefühl, jetzt sicher zu sein, schlafe ich endlich ein. Ungeachtet dieser schäbigen Liegestatt, die ich vielleicht noch meinem Hund zugemutet hätte… .

Der Traum ist kurz, aber heftig. Ich befinde mich auf einem Flur und kann die Toilette nicht finden. Dabei komme ich an einer grossen Küche vorbei, wo es hektisch und laut zugeht. Einer der Köche lässt einen grossen Stapel Teller fallen – das geschieht in Zeitlupe. Die Teller zerspringen am Boden mit einem ohrenbetäubenden Lärm, der nicht enden will… . Als ich aufwache, sitze ich aufrecht im Bett! Mein Herz schlägt bis zum Hals! Unter dem Kopfkissen fingere ich noch etwas benommen nach meiner Mini-Taschenlampe...

Mein erster Blick geht zur Tür. Im Lichtschein suche ich nach dem Becher – den ich auf dem Fussboden wiederfinde. Gerade bekomme ich noch mit, wie irgendjemand meine Tür von aussen wieder schliesst. Da ich jetzt vor Angst sowieso schon tot bin, entscheide ich mich spontan für die Flucht nach vorn und für die Aufklärung des Falls – und für eine etwaige nötige Konfrontation. Mit was oder wem auch immer.

Gedämpftes Gemurmel dringt an meine schlaftrunkenen Ohren. Ich schleiche mich zur Tür – und öffne sie dann zügig.

Im Licht meiner Funzel stehen sechs Franzosen. Offenbar Abtrünnige einer Nordpol-Expedition, so wie die aussehen: Völlig vermummt, völlig durchnässt – und genauso sprachlos wie ich. ,Qu'est-ce que vous faites la' bricht es dann aus mir heraus – selbst überrascht über soviel situations-angepasster Sprachkenntnis zu dieser späten Nachtstunde. Der selbsterwählte Sprecher der Gruppe faselt etwas davon, dass er und seine Kumpels ihre Zimmer nicht finden können – wobei sie wohl jede Zimmertür in diesem Etablissement auf einen möglichen Treffer hin ausprobieren. Es folgen tausendfache geflüsterte Entschuldigungen, bevor die Gruppe weiter den Flur entlang nach leer stehenden Zimmern sucht. Vor meiner Tür hinterlassen die völlig Durchgeweichten eine mittelgrosse Pfütze. Den Haustür- und Zimmerschlüssel haben sie von der Pensionswirtin bekommen, die aus nachvollziehbaren Gründen extern nächtigt. Dummerweise gibt es keine Zimmernummern...

Mein Pulsschlag hat sich wieder normalisiert, und ich husche schnellstmöglich zurück in mein Bettchen. Die nächtlichen Besucher haben bei mir einen bleibenden Eindruck hinterlassen – und umgekehrt wohl genauso: Pilger tragen nachts oft nur das Nötigste... .komischerweise schlafe ich nach diesem Zwischenfall ungestört und entspannt weiter. Allerdings nicht ohne vorher wieder meine Alarmanlage zu installieren, die sich als sehr effizient erwiesen hat.

25. Tag: Donnerstag, 16. Mai

Gijon – Aviles (25,4 km)

Höhenunterschied: 280m im Auf- und Abstieg, so gut wie keine Weg-markierung

Als ich am nächsten Morgen gestiefelt und gespornt die Pension verlassen will, klärt mich die inzwischen auch wieder anwesende Hausherrin pflichtbewusst darüber auf, dass mein Weggefährte schon genau 10 Minuten vor mir das Haus verlassen hat. Ok, dann wird er noch in der Bar sein, mutmaße ich.

Dort angekommen, sitzt Sid am Bartresen vor einem Mini-Cappuccino. Er hat das Frühstück für Pilger bestellt. Ich geselle mich dazu und bestelle das Gleiche. Die Cappuccino-Tasse erinnert an die aus meiner Puppenstube von vor etwa 50 Jahren. Das Angebot verspricht also diesen besagten Cappuccino, ein Croissant und frisch gepressten Orangensaft. Alles für einen erquicklichen Preis. Vom Cappuccino bin ich schwer enttäuscht, die Croissants werden erst in einer Stunde geliefert, und der Orangensaft wird in einem Gläschen serviert, das an eine Schluckimpfung erinnert. Zudem scheint die Servicekraft hinter dem Tresen entweder gerade einen mittelschweren Schicksalsschlag erlitten zu haben oder sie ist chronisch miesepeterisch. Diese junge Frau ist erstaunlich unfreundlich!

Während Sid und ich von so viel geballter Ignoranz überwältigt sind, läuft in einem der obligatorischen Bar-Fernseher in der mittlerweile gewohnten Lautstärke für Gehörgeschädigte der Wetter-Ticker. Die Stimmungskanone hat sich inzwischen zum Zeitunglesen zurückgezogen. Wir sind hier sicher nicht grundlos die einzigen Gäste.

Der Wetterfrosch verkündet nichts Gutes...

Satt fühlt sich anders an. Die zweite Scheibe ungetoastetes Toastbrot muss nachdrücklich eingefordert werden. Als lebenserhaltende Massnahme bestelle ich mir, koste es, was es wolle, ein richtig grosses Glas frisch gepressten Orangensaft! Und das kostet!

Aufbruch. Wettervorhersagenmässig entsprechend präpariert, verlassen Sid und ich diesen ungastlichen Ort und uns erwartet die nächsten 1 ½ Stunden eine Schnitzeljagd durch die Stadt. Letztere hat offensichtlich aus rein kosmetischen Gründen auf Wegweiser wie gelbe Pfeile und Muscheln verzichtet. Wir fragen uns durch. Wieder einmal erweisen sich meine relativ beschränkten Spanischkenntnisse als äusserst hilfreich. Da gibt es doch tatsächlich Menschen, die vom Camino noch nie was gehört haben. Die nette ältere Dame aus dem Obst-Kiosk, ein typischer Birnen-Typ, bei der wir uns mit Bananen eindecken, scheint wenigstens eine ungefähre Ahnung zu haben, welche Strasse uns aus diesem Golem auf den rechten Pfad führt.

Eine gefühlte Ewigkeit später treffen wir auf einen gelben Pfeil! Wer auch immer dafür verantwortlich ist: Danke! Danke! Nach diesem kurzen Stimmungshoch dann erneute Ernüchterung: Der Weg führt uns kilometerweit über stark befahrene Strassen aus der Stadt raus und an einem riesigen Industriegebiet vorbei. Zwischendurch treffen uns immer wieder heftige Regenschauer. Mein rechter Fuss hat bei der letzten Matschtour irgendwas abbekommen und schmerzt bei jedem Schritt, von denen ich heute noch etliche machen muss…

Die Wegstrecke zieht sich wie ein ausgeleiertes Bungee-Band. Ich bin gar nicht gut drauf. Auch schon deshalb, weil es hier beim besten Willen keine Möglichkeit gibt, wegen zunehmendem Blasendruck in die Büsche zu springen. Ich denke ernsthaft darüber nach, mich in einen der Vorgärten der scheinbar endlosen Wohnsiedlung zu hocken. Sid hat mich mittlerweile irgendwie abgehängt, und ich werde dauernd von anderen Pilgern überholt. In einer Blitzaktion mache ich kurz Pipi direkt am Wegesrand. Das war höchste Eisenbahn! Auch Pause machen ist reines Wunschdenken. Man kann sich nicht mal irgendwo kurz hinsetzen – alles ist pitschnass. Stundenlang laufe ich so – bis an einem Ortsrand eine Bar in Sicht kommt. Dort treffe ich auch wieder auf Sid. Gemeinsam erreichen wir nach 28 km endlich Aviles.

Nach kurzer Suche finden wir die Tourist-Information. Dort bekommen wir einen Stempel für den Pilgerpass, einen Stadtplan und Hilfe bei der Suche nach einer Unterkunft. Auf dem Weg ins Zentrum überfällt uns der Hunger. Wir ergeben uns ohne Gegenwehr in ein richtiges Restaurant, das tatsächlich schon geöffnet hat, was um diese Uhrzeit in diesem speziellen Teil Europas wie ein Sechser im Lotto ist! Es gibt Brot, eine riesengrosse Schüssel Salat, Wasser - und ein Glas Rotwein! Hier ist es trocken und warm, während draussen die Welt gerade abzusaufen scheint. Nach dem Essen bin ich unangenehm erschöpft – jetzt noch eine Unterkunft suchen, dazu muss ich meine letzte Energie aufbringen. Irgendein Lager, Hauptsache in der Nähe, muss schnellstens her.

Wir bekommen jeder noch ein Zimmer in der Pension ‚La Plaza' für 30,00 Euro, Bad auf dem Flur. Frühstück: Fehlanzeige. Der Preis ist nicht wirklich kompatibel mit dem Angebot… egal: Jetzt bloss schnell in die Waagerechte! Magen und Darm rebellieren schon wieder. Damit nicht genug: Plötzlich plagen mich starke Bauchkrämpfe, die einen mittelstarken Durchfall ankündigen. Mir ist bis auf die Knochen kalt. Zwischen den Toilettengängen beutelt mich starker Schüttelfrost.

Den Gedanken zuzulassen, an dieser Stelle das Projekt ‚Camino del Norte' abzubrechen, macht sich die Situation skrupellos zu Nutze. Bis hierhin waren meine Entscheidungen alle richtig. Diese hier treffe ich nicht nur sprichwörtlich aus dem Bauchgefühl heraus: Ich werde, wie auch immer, nach Hause fahren! Das nasskalte Wetter hat mich mürbe gemacht – und die Wettervorhersage verheisst immer noch nichts Gutes. Ich habe keine Kraft mehr. Der rechte Fuss ist abends geschwollen. Nach knapp vier Wochen ist es jetzt genug. Ich entscheide mich für die Rückreise mit dem Bus.

Am späten Nachmittag quäle ich mich in Begleitung von Sid zum Busbahnhof. Sid ist bei meinem Anblick nicht wirklich überrascht über meine Entscheidung. Ich besorge mir eine Fahrkarte für den nächsten Morgen nach Oviedo. Von dort aus kann ich am gleichen Tag nach Bilbao fahren. Nur von Bilbao aus bekommt man eine Busverbindung für eine Langstreckenfahrt nach Deutschland. Auf dem Rückweg zur Pension müssen wir einen Not-Stop in einer Bar einlegen wegen eines plötzlichen Bedürfnisses meinerseits. Ich bestelle mir noch einen Pfefferminztee, bevor wir schnellstmöglich zu unserer Unterkunft zurückkehren.

An ein gemeinsames Abendessen ist nicht zu denken. Wir verabschieden uns kurz und schmerzlos auf dem Gang, dann bin ich wieder in meiner Kammer verschwunden, immer noch mit Bauchgrummeln und halb erfroren .

Ich informiere Rolf über meinen Abbruch und den Plan, mit dem Fernreisebus nach Hause zu kommen. Dank seiner Verbindungen zum Reisebüro und seiner jetzt so wohltuenden Fürsorge kann er mich aber davon abhalten. Er will in Windeseile versuchen, meinen Flug von Santiago umzubuchen, sodass ich von Bilbao aus nach Hause fliegen kann. Ich stimme zu – und warte auf das Ergebnis seiner Bemühungen.

Magen und Galle machen derweil was sie wollen. An Essen ist wieder mal nicht zu denken. Noch weitere zwei Wochen und ich wäre wahrscheinlich hier verhungert. Um mich herum ist Eiszeit. Das Zimmer ist kalt, das Bad ist kalt, sogar unter meiner Bettdecke wird es nicht warm. Vier Toilettengänge innerhalb einer halben Stunde mit Bauchkrämpfen! Mein Verdauungssystem spielt Dr. Jekyll und Mr. Hyde. Und wer schon einmal Schüttelfrost auf einer durchgelegenen, quietschenden Matratze hatte, weiss, wovon ich spreche. Irgendwann werde ich darüber lachen können – jetzt versuche ich erst einmal einzuschlafen, ohne Abendessen. Vor morgen früh werde ich von Rolf sowieso keine Rückmeldung bekommen...

26.Tag: Freitag, 17. Mai

Aviles – Flughafen Bilbao

Nach einer heilsamen Nachtruhe warte ich geduldig auf meiner wenig ansprechenden Bude, bis Rolf wie versprochen anruft. Da auf ihn hundertprozentig Verlass ist, tut er das auch. Er hat es tatsächlich geschafft, meinen Flug umbuchen zu lassen, so dass ich von Bilbao zurückfliegen kann. Bei so viel Glück und freudiger Erlösung muss ich erst mal heulen. Ich freue mich jetzt tierisch auf meinen Mann und meinen Hund – und auf die nötige körperliche Erholung!

Nachdem ich meine übersichtlichen Habseligkeiten zusammengepackt habe, begebe ich mich ohne Frühstück zum Busbahnhof. Die Verzögerung durch die Telefonate mit Rolf hat es mir unmöglich gemacht, den Bus zu bekommen, den ich am Vortag nach Oviedo gebucht habe. Mein Flug geht erst am nächsten Tag.

Am Busbahnhof muss ich erfahren, dass das Ticket vom Vortag nur zu dem gebuchten Termin gültig war – und ich bekomme es nicht erstattet. Zu blöd, aber ich muss heute noch nach Bilbao. Busfahren ist hier in Spanien wie Fliegen. Der Bus ist DAS Verkehrsmittel, um auch über grössere Strecken von A nach B zu kommen. Glücklicherweise bekomme ich für diesen Tag noch eine Busverbindung nach Oviedo, und auch gleich ein Ticket weiter nach Bilbao.

Die Fahrt nach Oviedo dauert eine Stunde. Völlig erschöpft hänge ich in meinem Sitz. Im Bus ist es angenehm warm und man sitzt unglaublich gemütlich. Unterwegs erkenne auf den ersten Kilometern die eine oder andere Stelle, an der ich zu Fuss vorbeigekommen bin. Es regnet schon wieder, und im Vorbeifahren sehe ich Pilger, die, in bunte Ponchos vermummt, tapfer durch das Unwetter stapfen.

An dem riesigen Busbahnhof in Oviedo, den ich in dieser Grössenordnung bis dahin noch nie gesehen habe, gibt es endlich Gelegenheit, etwas zu essen. Dieser Busbahnhof gleicht einem kleinen Flughafen. Im integrierten Restaurant mit Selbstbedienung besorge ich mir einen

Pfefferminztee und ein Stück trockenen Kuchen. Letzteren schaffe ich nur zur Hälfte, die andere Hälfte packe ich in eine Serviette.

Nach einer Wartezeit von 1 ½ Stunden besteige ich den Reisebus nach Bilbao, der bis auf den letzten Platz ausgebucht ist. Für die fünf Stunden Busfahrt hatte ich mir ein Sudoku-Heft gekauft. Aber die Erschöpfung ist zu gross. Sie lässt nicht mal ein bisschen Kopfarbeit zu.

Ich hänge in meinem Plüschsitz hinten auf der ‚Hoppsbank', und geniesse es erneut, einfach nur dazusitzen und mich fahren zu lassen. Ab und zu nicke ich ein. Einfach nur dasitzen: Göttlich! Bis auf den steigenden Druck in der Blase, der nach 3 Stunden ganz ordentlich ist. Ich weigere mich aber vehement, auf das Mini-Notfall-Reisebus-Klo zu gehen. Die Strecke ist furchtbar kurvenreich, da wir auf einer Bundesstrasse fahren. Ab und an Stops, um Fahrgäste ein- oder aussteigen zu lassen, und für den Fahrerwechsel. Kein Hunger, kein Durst – nur schrecklich müde… .

Während der letzten zwei Stunden Fahrt giesst es wie aus Kübeln!

Bei der Ankunft in Bilbao muss ich feststellen, dass sich der ebenfalls riesige Busbahnhof ausserhalb des Zentrums befindet – wohin jetzt? Erst mal zur Toilette, die sich für Benutzer mit Rucksack als viel zu klein erweist. Und erwartungsgemäss dreckig ist. Am Busbahnhof gibt es eine Straßenbahn, die ich nehmen könnte, um ins Zentrum zu fahren und dort zu übernachten…Aber warum erst in die Stadt fahren? Jeder Flughafen hat in der Regel auch ein Flughafenhotel.

Ich suche nach einem Taxi. Mittlerweile regnet es Schweinchen! Kein Taxi in Sicht. Dann der Super Glücksfall: Eine junge Familie kommt gerade mit einem Taxi an. Sie haben alle Mühe, das Kleinkind im Buggy einigermassen trocken vom Taxi zum Busterminal zu bringen. Das Taxi ist jedenfalls meins!

Den Taxifahrer beschäftigt während der Fahrt zum Flughafenhotel nur ein Thema: Das Wetter. Jahrhundert-Scheisswetter! Er bringt mich durch die Sintflut ins Holiday-Inn des Flughafens von Bilbao. Von aussen sieht dieses Gebäude ziemlich abgefrackt aus. Ich habe aber auf meinem Trip schon Schlimmeres gesehen. Die Rezeption befindet sich gemeinsam mit dem spartanischen Frühstücksraum im Eingang. Kurz darauf beziehe ich ein herrliches Zimmer: Hell, warm, ein richtiges Bett, ein eigenes, super warmes, sauberes Bad. Und es gibt eine kleine Teeküche! Sofort mache ich mir einen heissen Tee. Mit dem dann ab in eine heisse Wanne! Und später dann vielleicht noch ins Restaurant, was richtig leckeres essen...

Leider sind alle meine Klamotten mittlerweile völlig stinkig. Ich wasche noch schnell ein T-Shirt und einen Satz Unterwäsche im Waschbecken durch. Das hilft aber aktuell wenig. Ich werde mir im Restaurant einfach einen Tisch irgendwo in der Ecke suchen...

Rolf ruft an und erkundigt sich, ob soweit alles geklappt hat. Ich bin ihm unendlich dankbar, dass er meine Rückreise auf diese Art möglich gemacht hat! Und er freut sich, dass ich nach Hause komme (ich freue mich gerade noch viel mehr).

27. Tag: Samstag, 18. Mai

Rückreise

‚Liebe, komm zurück nach Hause'

Das war wohl nix mit dem Abendessen im Restaurant. Wahrscheinlich auch für alle Beteiligten besser so :0) Nach meiner Badesession habe ich plötzlich einen Mordshunger und verleibe mir kurzerhand alles ein, was noch im Rucksack Essbares zu finden ist: Eine schon etwas bräunliche Banane, 1 Snickers, ein trockenes Brötchen und der Rest vom trockenen Kuchen. Dazu nochmal Tee aus der kleinen Teeküche. Dann ungebremst einfach nur ins Bett, von 20.00 Uhr bis 8.00 Uhr morgens. Vor dem Frühstück koche ich mir noch einen Tee, womit die kleine Teeküche ungeniert geplündert ist. Zum x-ten Mal duschen, weil es so schön ist! Anschließend runter zum Frühstück.

Das Ambiente des Frühstücksraums gleicht dem eines MC Donald-Restaurants: Ein paar nackte Tische in der Eingangshalle, direkt neben der Rezeption. Das Buffet ist aber überraschend gut bestückt und vielfältig – es gibt sogar dunkle Brötchen!

Während ich bei einem Müsli über den Rückflug sinniere, bricht neben mir plötzlich das Chaos aus: Der Toast-Automat steht in Flammen! Da hat doch tatsächlich irgend so eine Pappnase versucht, ein Toast-Hawai in den Hightech- Toaster zu schieben! Leute gibt es….

Nach dem Frühstück noch Zähne putzen – und dann den Rucksack zum letzten Mal nach knapp vier Wochen packen – irgendwie schon komisch. Draussen giesst es in Strömen – ich bereue meine Entscheidung kein bisschen!

Mit dem Hotel-Flughafen-Shuttle-Bus komme ich bequem und pünktlich zum Einchecken am Flughafen von Bilbao an. Während meiner Wartezeit kann ich nach langem Suchen einen Sitzplatz auf einer Bank ergattern. Dass hier ausser mir keiner sitzen will, hat einen Grund olfaktorischer Natur: Direkt hinter mir meint eine junge Türkin, ihrem Ableger hier die randvolle Windel mit undefinierbarem Inhalt wechseln zu müssen. Gerade noch rechtzeitig, kurz bevor sich mein Frühstück wieder retour bewegt, kann ich flüchten.

Auf dem Rückflug freue ich mich tierisch auf Rolf, der mich in Düsseldorf abholen will. Meine Entscheidung, den Weg in Aviles abzubrechen, war ein gutes Bauchgefühl und instinktiv richtig, bevor meine Gesundheit weiteren Schaden nehmen konnte. Ich bin stolz auf meine bisherige Leistung – nicht nur konditionell. Nicht wenige Hürden mussten gemeistert werden die mentaler Natur waren. Die täglichen Entscheidungen, die getroffen werden mussten, haben mir bestätigt, dass alles richtig war.

Wer wahre Stärke sucht
Wird sie hier finden:
Einer trotzt standhaft
Dem Wetter, den Winden.
Sein Mut treibt ihn voran,
Dass niemals wanken kann,
Was einst als Schwur begann:
Pilger zu sein.

John Bunyan ‚Pilgerreise'

Ja, Stärke habe ich gefunden. In vielen Situationen hat mich mein Mut positiv überrascht. Einen Schwur habe ich allerdings nie geleistet. Einem freien Geist brummt man keinen Schwur auf. Das wäre einem Erfolgsdruck gleichgekommen. Und den Erfolg habe ich auch so verbucht: Ich bin unter diesen widrigen Umständen weit marschiert. Und was macht einen gefühlsstarken Menschen mehr aus als Schwäche zu zeigen? Der Mut zur Schwäche ist auch eine Stärke.

Natürlich werde ich mein Projekt ‚Camino del Norte' im kommenden Jahr zu Ende bringen. Von Aviles geht es dann nach Santiago de Compostela. Ich werde sicher wieder viele interessante und nette Menschen treffen. Ich werde dann einiges noch besser machen. Zweifellos muß mein Equipment wetterbedingt aufgerüstet werden. Und, wer weiss, vielleicht bin ich dann soweit entspannt, dass ich den Geist des Weges begreifen lerne! Das alles nicht ohne die Unterstützung in jeder Beziehung von meinem Rolf. Und der Gewissheit, dass meine kleine Familie ein bisschen stolz auf mich ist!

Schliesslich hat jeder etwas, das ihn antreibt!

In Liebe erinnert und in Worte gefasst von

der Pilgermaus Karin

Zweiter Teil: Von Aviles bis Santiago de Compostela, 21. April bis 10. Mai 2014

So ziemlich genau ein Jahr ist vergangen, seitdem ich meine Pilgerreise auf dem Spanischen Küstenweg begonnen habe. Und genauso lange lag mein Rucksack und alles, was ich damals an Ausrüstung auf meiner Tour bei mir hatte, im wenig frequentierten Gästezimmer. Die ganze Menagerie, vom Plastikbesteck über Titan - Becher, Schlafsack bis zur Wander - Unterwäsche – alles befand sich ein Jahr lang in der Warte - Schleife.

Sogar meine Wanderschuhe standen so lange unberührt in stand by – Funktion in der Garage. Jedes Mal, wenn ich sie so unbenutzt dastehen sah, hatte ich das Gefühl, dass sie nur darauf warten, auf den Camino zurückzukehren. Diese Schuhe schrien förmlich nach der Fortsetzung dieses Abenteuers! 350 km würden sie noch durchhalten müssen…rein Äußerlich könnten sie das auch. Aus drei Metern Entfernung betrachtet. Bei genauerem Hinsehen war der Lack doch ziemlich ab. Die 500 km Camino vom vergangenen Jahr, die vorhergehende Trainingsphase von rund 200 km und die anschließende Spezialbehandlung mit dem Hoch-druckreiniger haben ihre Spuren hinterlassen. Auch das verbliebene Restchen Profil ist wirklich nicht mehr der Rede wert. Aber diese Schuhe haben Charakter! Sie sind die perfekten Schlammtreter und Asphalt-Stiefel – und im Übrigen die verlässlichsten Durchlauferhitzer auf einem Weg wie dem spanischen Nordweg.

Ich weiß nicht, wie es die Pilger im Mittelalter mit ihren Sandalen gehalten haben – ich habe im Laufe meiner Pilgerreise eine besondere Beziehung zu meinen Schuhen bekommen. Nie käme ich auf die Idee, sie für den zweiten und letzten Teil meiner Pilgerreise gegen uncharismatische Neulinge einzutauschen.

Manche Menschen beschuldigt man, dass sie ihre Schwächen nicht einsehen, vielleicht aber gibt es genauso wenig Menschen, die ihre wahre Kraft kennen.

Jonathan Swift

Ostermontag, 21. April

(Ankunft in Aviles)

Meine Schwäche habe ich in Aviles eingesehen. Jetzt bin ich hierhin zurückgekehrt, um mein Projekt Camino del Norte zu beenden. Meine Stärke soll hier eine zweite Chance bekommen.

Ich bin guten Mutes!

Alles im Döschen: Der Flug nach Madrid, der Anschlussflug nach Asturias, Bus nach Oviedo und Bus nach Aviles – alles hat reibungslos geklappt.

Vom Busbahnhof gehe ich in Richtung Innenstadt. Keine Ahnung, wo sich die Herberge befindet. Zuletzt war ich hier in einer Pension untergebracht. Unweigerlich muss ich daran denken, wie schlecht es mir hier ging. Körperlich und mental ziemlich am Limit. Das Wetter war hauptsächlich schuld daran, dass ich damals aufgegeben habe. Aufgeben musste. Diese äußeren Umstände gepaart mit mehr als einem naiven Anfängerfehler sind meinem so enthusiastisch begonnenen Projekt im letzten Jahr zum Verhängnis geworden.

Umso besser fühle ich mich gerade. Der Weg ruft, und ich bin bereit, ihn zu gehen. Und zu Ende zu bringen.

Ich werde vieles besser machen. Dazu soll unter anderem auch gehören, dass meine SMS an meinen Mann dieses Mal ausführlicher ausfallen. Über die alle Befindlichkeitsbereiche umfassende Kurzmitteilung ‚Alles gut, Mama' bin ich jetzt hinaus. Eine Mama ist ja lernfähig. Die

Generation der Permanent-Simser ist eine andere. Trotzdem weiß ich jetzt, wie man sich über dieses Medium halbwegs verständlich machen kann. Obwohl einige Satzteile und Spezialausdrücke bei der Übermittlung noch einer kosmetischen Korrektur bedürfen...

Jetzt freue ich mich erst einmal tierisch, dass die Sonne scheint. Und die Aussichten sind gut!

Das Stadtbild von Aviles hat sich seit meinem letzten Besuch wesentlich verändert: Hier in der drittgrößten Stadt Asturiens findet heute die große Fiesta del Bollo wie jedes Jahr zu Ostern statt! Bei der Übersetzung von ‚bollo' bin ich auf drei Möglichkeiten gestoßen, die nicht allesamt das verkörpern, was ich hier hautnah erlebe: ‚bollo' kann ein Brötchen sein, wird aber auch als Faustschlag oder als Beule übersetzt. Ich persönlich bevorzuge die Bedeutung dieser Fiesta im Sinne des Brötchens. Die spanischen Bocadillos sieht man hier haufenweise. Die passen ja auch besser zu einem Straßenfest als Beulen.

Durch die Straßen windet sich jedenfalls ein endlos erscheinender Wurm von aneinander gereihten Tischen und Bänken. Hier wurde aufgetischt! Nicht nur Brötchen, sondern eine Vielzahl typisch spanischer Gerichte auf kilometerlangen Bierzelt - Tischen. Vom Säugling bis zur Oma und sämtliche weiteren denkbaren Verwandtschaftsgrade essen und trinken was das Zeug hält! Die Papiertischdecken scheinen nur den Zweck zu erfüllen, die riesigen Mengen von verschüttetem Alkohol, vornehmlich des Cidre, so gut es geht aufzunehmen. Cidre ist hier das Nationalgetränk, und ich hoffe im Vorübergehen dass es besser schmeckt als es riecht.

Auf meinem Weg durch dieses überdimensionale Gelage umschiffe ich mit meinem Rucksack gekonnt unzählige Musikkapellen, angetrunkene, aber offenbar friedliche Junggesellengrüppchen und zerbrochene Flaschen. Es klebt!

Fragend kämpfe ich mich durch diese große Sause bis zur Herberge – die sich natürlich genau am anderen Ende der Stadt befindet.

In der Herberge angekommen, wartet die nächste Prüfung: Nachdem mir der schon etwas in die Jahre gekommene Herbergsvater zum x-ten Mal einen ‚beso' (Küsschen!) aufgedrückt hat, beziehe ich meine Pritsche in einem fensterlosen Zimmer (Uli Hoeneß wurde in seiner Anstalt bestimmt nicht mit Küsschen begrüßt – dafür ist seine Zelle sicher um einiges komfortabler). Es ist rattenkalt! Dieses Verlies teile ich mit dem Franzosen Philippe und seiner Enkelin Theosani. Kurz beschleicht mich das Gefühl, die Beiden schon einmal irgendwo in meinem Leben gesehen zu haben, schiebe aber diesen Gedanken aus irrationalen Gründen so schnell beiseite, wie er gekommen ist.

Jedenfalls erzeugen die äußeren Umstände nicht gerade ein Willkommens -Hochgefühl. Wenigstens gibt es zwei mobile Heizerchen. Deren angebrochene Stecker hängen schlaff aus sowas wie Steckdosen, in deren Nähe sich ein deutscher Elektriker nur mit Vorbehalt gewagt hätte.

Theosani freut sich sichtlich über ihre neue ‚Zellen - Genossin' und quatscht mir ein Ohr ab - auf Englisch und Französisch im Wechsel. Sie ist quirlige vierzehn Jahre alt – und unglaublich kommunikativ! Dazu noch ein ausgesprochenes Sprachentalent, denn in ihr Repertoire gehört auch Spanisch. Von ihr erfahre ich auch, dass es außer der abschreckend kalten und altertümlichen Toilettenanlage auf dem Gang noch eine weitere gibt im Nebengebäude, die sich für hiesige Verhältnisse durchaus als ‚neuzeitlich', d.h. ‚renoviert' erweist. Dieser goldwerte Tipp ist natürlich top secret!

Also: Körperpflege und dann nochmals in die Schlacht, um etwas Essbares aufzutreiben. Nicht so einfach, denn in den Straßen boxt mittlerweile der Papst, und in den Restaurants und Bars ist der Bär los. Schon komisch: Hier findet das große Fressen statt, und ich habe Mühe, eine geeignete Restauration zu finden.

In einer Bar werde ich fündig. Hier gibt es etwas Warmes zu essen – leider unheimlich fleischlastig. Ich ergattere einen Zweiertisch und entscheide mich der Einfachheit halber für Käse mit Brot, Rotwein und

Wasser. Und zum Dessert gibt es einen heißen Tee. Die Kälte hat sich mittlerweile ungebeten irgendwo zwischen den Rippen festgesetzt.

In der Kneipe geht es hoch her. Die Camareros geben ihre artistische Darbietung des klassischen Cidre-Einschenkens zum Besten: Zwischen Flasche und Glas hat der Cidre einen knappen Meter im freien Fall zurückzulegen, bevor eine klägliche Menge im Glas landet. Unwissende staunen wahrscheinlich über so viel Bescheidenheit des Gastes. Aber die ganze Prozedur ist Kult, und die Kultur drückt auch großzügig ein Auge zu, wenn eine nicht unbedeutende Menge des begehrten Getränks daneben geht. Sprich: Der Boden ist vom Cidre mittlerweile überschwemmt! Um Abhilfe zu schaffen hat man Sägespäne ausgestreut – dementsprechend sieht es aus wie in einem Hühnerstall. Auch die Geräuschkulisse erinnert an einen solchen... .

Auf dem Weg durch die Stadt zurück zur Herberge ist die Stimmung mittlerweile auf dem Höhepunkt. Dafür sieht es jetzt aus wie in einem Saustall! Der Alkoholpegel ist in jeder Hinsicht gestiegen. Ich stapfe durch Bäche von klebrigem Alkohol zurück zur Herberge.

Dort angekommen, fragen mich Philippe und Theosani, ob ich sie in die Stadt begleiten möchte. Sie wollen essen gehen. Hätten wir vorher über dieses Thema kommuniziert... .Dieser netten Einladung folge ich trotzdem nur zu gerne, obwohl ich ja gerade erst vom Essen komme. Auf keinen Fall will ich in diesem dunklen Loch alleine herumsitzen.

Wir bekommen in einer kleinen Snackbude Pasta in Alu-Schalen aufgewärmt, die wir dann nach nebenan in eine Bar mitnehmen, damit wir im Sitzen essen können. Die Pasta passt tatsächlich noch rein. Mit meinem Vorsatz, auf dem Camino diesmal mehr zu essen, fange ich gleich heute und hier an. Während wir über das Preis - Leistungsverhältnis unserer überschaubaren Mahlzeit philosophieren und die morgige Etappe besprechen, äußere ich meinen Verdacht, dass wir uns schon einmal irgendwo über den Weg gelaufen sind. Mit Hilfe von anschaulichen Beispielen kristallisiert sich schließlich heraus, dass Philippe im

Vorjahr zur gleichen Zeit den gleichen Weg gelaufen ist wie ich. Mit dabei waren damals auch seine Enkelin Theosani und Daniel, einem weiteren Franzosen, den Philippe auf früheren Pilgertouren kennengelernt hat. Der Groschen fällt spätestens als ich Philippe an den Buben-Streich in Llanes erinnere, als er zusammen mit Daniel während meiner Abwesenheit meine Bettlaken so verwurstelt hat, so dass das Bett nur noch halb so groß war und ich nicht hereingefunden habe. Wir haben Spaß und lachen über so viel Zufall, dass wir uns hier an dieser Stelle zu diesem Zeitpunkt wiedertreffen, mit der gleichen Absicht, unseren Camino hier fortzusetzen. Ja, die Welt ist klein – aber voller Überraschungen!

Erster Tag: Dienstag, 22.April (von Aviles bis Soto del Barco) 22 km

Ab Aviles gibt es keine größeren Städte mehr. Der Outdoor - Führer verspricht bis Santiago nur noch Wandern durch reizvolle Landschaft. Da bin ich mal gespannt!

Mit Philippe, Theosani, Renee aus Minnesota und Elisabeth aus Kalifornien geht es morgens um 8.00 Uhr los. Auf dem Weg von der Herberge stadtauswärts gibt es in einer Bar zum Frühstück einen Kakao und ein Croissant. Letzteres schmeckt so, als wäre es auf der gestrigen Super-Fiesta in ganz Aviles herumgereicht worden. Die beiden amerikanischen Ladies sind offensichtlich äußerst happy, sich am Tag zuvor kennengelernt zu haben. Gemeinsame Nationalität verbindet. Nicht nur sprachlich. Beide sind in Amerika im sozialen Bereich tätig, was erst einmal für ausreichend Gesprächsstoff sorgt.

An dieser Stelle muss man ganz klar auch noch den städtischen Heinzelmännchen von Aviles ein großes Kompliment machen: Die Straßen präsentieren sich aufgeräumt und höchstens noch ein bisschen feucht. Alle möglichen Spuren des kollektiven Cidre - Gelages vom Vortag wurden rückstandslos beseitigt. Hier weiß man nicht nur, wie ordentlich gefeiert wird. Hier kann man auch wieder Ordnung schaffen!

Philippe legt gleich zu Anfang der ersten Etappe meines zweiten Teils ein ziemliches Tempo vor. Das ist mein erster Tag, und das Gewicht auf meinem Rücken fühlt sich noch nicht wirklich gut an (tut es das überhaupt irgendwann?).

Die amerikanischen Mädels sind beide sehr nett und mein Englisch erwacht in Kürze zu neuem Leben. Auch Theosani ist heute wieder außerordentlich gesprächig. Stolz verkündet sie, dass sie schon zwei Klassen übersprungen hat. Auch bei ihrem Hobby, dem Triathlon, ist sie vorne mit dabei. Jetzt wundert mich nichts mehr. Das Mädel läuft auch hier auf dem Camino wie ein Uhrwerk. Philippe führt das Feld an und fühlt sich offenbar für die Hühnerschar, die er im Schlepptau hat, verantwortlich. Er kennt den Weg, denn er geht ihn zum x-ten Mal.

Als irgendwann zum gemeinsamen Fotoshooting nebst einer Bananen-Pause gestoppt wird, bringt Renee zum Erstaunen Aller ihre Rolleiflex - Kamera zum Einsatz. Diese als ‚Zweiäugige' Spiegelreflex-Kamera bekannte Alte Dame ist aus dem Jahr 1953 – und noch voll funktionstüchtig. Da wird noch bis zum nächsten Bild gekurbelt, ein externer Belichtungsmesser verspricht, was er hoffentlich auch halten kann, und man schaut von Oben in dieses Altertümchen rein, um das Objekt ins rechte Bild zu setzen. Kamera und Zubehör (Filmröllchen etc.) wiegen insgesamt locker zwischen 500 und 700 Gramm.

Natürlich bringt diese Antiquität ausschließlich Schwarzweiß-Fotos zustande, die aber lt. Renee eine erstaunlich gute Bildqualität aufweisen. Schwarzweiß-Fotos sind mir persönlich sowieso äußerst sympathisch. Als praktizierende Scherenschnitt-Liebhaberin bevorzuge ich die einfachen, klaren Ansichten – übrigens auch im übertragenen Sinn... . Diese Kamera und das Mädchen passen jedenfalls wie angegossen zueinander – denn Beide sind etwas ganz Besonderes! Erwähnenswert ist übrigens auch das Outfit, mit dem Renee den Camino bestreitet. Ganz unkonventionell trägt sie Turnschuhe und ab und zu sogar Flip-Flops, dazu einen wadenlangen, bunt bedruckten Baumwollrock, darunter Leggings, ein nettes Blüschen und ein Schirmcäppi aus Stroh. Sie gibt sich einfach als typisch amerikanische Frohnatur, die ich sofort in mein Herz schließe.

Auch Elisabeth entpuppt sich als echter Pilger-Kumpel. Beide sind eine Bereicherung. Auch fremdsprachlich gesehen. Mein Englisch ist in kürzester Zeit wieder im Fluss. Dagegen gestaltet sich die Unterhaltung mit Philippe etwas holprig. Er spricht ausnahmslos Französisch. Die monatelangen Bemühungen, mein Spanisch zu verbessern, haben die Französischkenntnisse in eine verstaubte Schublade verbannt, die überdies auch noch ein bisschen klemmt...

Dieser Tag ist anstrengend. Es geht rauf und runter durch Eukalyptus-wälder, auf Landstraßen und gegen Ende der Etappe über eine Brücke, die über den Fluss Nalon führt. Den für Fußgänger vorgesehenen Teil der Brücke muss ein Architekt im Vollrausch konstruiert haben, da er wegen der Enge und eingelassenen Pömpel nur hoppelnd zu begehen ist. Alternativ verspricht das Wandern auf der Fahrbahn hundert pro-zentige Erfolgsaussichten für Lebensmüde. Prompt bringen diese kranke Konstruktion und zwei Glas zuvor bei einer Rast konsumierten Rotweins Philippe auf der Brücke zu Fall. Ergebnis: Ein aufgeschlage-nes Knie.

Gegen Mittag laufen wir in der Herberge von Soto del Barco ein. Mit Elisabeth und Renee beziehe ich ein Vier - Bett - Zimmer. Später kommt noch Maria aus Deutschland dazu. Sie ist schon länger unter-wegs, ziemlich wortkarg und mies gelaunt. Auf mich macht sie einen unsympathischen ersten Eindruck. Als wollte sie den bestätigen, outet sie sich kurz darauf ungefragt mit einer ‚ausgesprochenen' Eigendiag-nose: Sie sagt von sich selbst, dass sie ein unfreundlicher Mensch ist. Ihre Beichte erscheint wie eine Mischung aus Stolz, dass sie ‚anders' ist, und aus einer winzigen Entschuldigung, dass sie stolz darauf ist. Sie wird sicher ihre Gründe für diese Haltung haben . Oder es liegt in ihren Genen. Was es auch nicht besser macht.

Am Abend gehen wir alle gemeinsam, d.h. ohne Maria (aber nicht ohne Maria vorher gefragt zu haben) in ein Restaurant, um ein Pilger-menu zu uns zu nehmen. Es gibt unter anderem eine Fischsuppe mit allerlei verkochten Körperteilen, die von diversen Meeresbewohnern stammen könnten. Anschließend meldet sich die Erschöpfung.

Es ist kalt!

Zweiter Tag: Mittwoch, 23.April (Soto del Barco bis Soto de Luina) 20 km

Nette Wege mit gelegentlicher Aussicht auf das Meer

Der erste Blick aus dem Fenster ist ernüchternd! Es regnet Schweinchen. Das morgendliche Frühstück ist einfach. Total Kontinental. Nach dem Frühstück stehen Philippe und Theosani plötzlich in ihren Zipfelmützen - Regenponchos in unserem Zimmer und wollen uns zum Aufbruch animieren. Ich verweigere mich. Seit meinem verregneten Camino im letzten Jahr bin ich nicht mehr so grell darauf aus, mich zur falschen Zeit am falschen Ort zu befinden. D.h.: Ich werde abwarten, bis sich das Wetter beruhigt hat, und später losgehen. Das funktioniert natürlich nur nach Absprache eines verständnisvollen Hospitalero. Der - Gott sei Dank - vollstes Verständnis hat.

Elisabeth und Renee teilen gerne meine Meinung und wir entlassen die anderen in ihr selbstgewähltes feuchtes Schicksal. Maria ist sowieso schon längst unterwegs und wird entsprechend nass sein. Kaum vorzustellen, in welcher Gemütslage sie sich gerade befindet...

Wir drei machen es uns derweil so gut wie möglich bequem, finden sogar in einer Zimmerecke einen funktionstüchtigen Heizstrahler. Und während draußen die Welt untergeht, sitzen wir an dem großen Pilgertisch und spielen sowas wie Rommee auf Spanisch. Statt um Pik und Herz geht es hier um Gemüse und Schwerter.

Just als es aufhört zu regnen, laufen wir los. Eine nicht enden wollende Treppe hinauf auf einen Berg empfängt uns ganz zu Anfang. Danach verlaufen wir uns ein wenig, finden aber mithilfe von freundlichen Einheimischen wieder auf den rechten Weg zurück. Elisabeth entscheidet sich an einer Abzweigung für die Straße, ich genieße derweil mit Renee den empfohlenen Panoramaweg bei mittlerweile bestem Wetter. In einer wunderschönen Bucht treffen wir Elisabeth in einer Bar wieder. Wir genießen die Sonne, das Meer und einen guten Kaffee. Am Strand spielt ein junger Mann ausgelassen mit seinem Hund. Ein seltenes und schönes Bild. Das ich auch genieße. Und ich denke so bei mir, dass die Hoffnung auf mehr Verständnis für die Hunde hierzulande auf den kommenden Generationen liegen kann.

Am späten Nachmittag erreichen wir gemeinsam die Herberge in Soto de Luina. Jeder von uns sucht sich im großen Schlafsaal ein Bett. Es ist drinnen kalt und draußen kalt. Zusammen mit einem jungen Spanier kaufe ich im nahe gelegenen Supermarkt Obst, Brot und Käse. Kaum sind wir zurück, taucht der freundliche Hospitalero in der Herberge auf. Draußen auf der Terrasse an einem riesigen Tisch bespricht er mit den anwesenden Pilgern den Verlauf der morgigen Etappe. Er hat auch eine Flasche Cidre mitgebracht. Deren Handhabung ist für Ungeübte eine ziemlich klebrige Angelegenheit. Darum gibt er uns eine kleine Kostprobe: Erst von der Kunst des Einschenkens, dann bekommt jeder einen winzigen Schluck von dem kostbaren Apfelwein. Der Rest klebt unter den Schuhsohlen.

Am Abend sitzen wir zu Acht in einem Restaurant. Mit meinem Tischnachbarn, einem spanischen Radpilger, diskutiere ich über die ewig verschlossenen Kirchen auf dem spanischen Nordweg. Nach zwei Gläsern Rotwein fallen uns viele kreative und lustige Verwendungszwecke für die leer stehenden Gotteshäuser ein…

Die Nacht ist ziemlich rumorig (Schnarchen, Wälzen, Toilettengänge von 14 Leuten…).

Dritter Tag: Donnerstag, 24.April (Soto de Luina bis Cadavedo) 24 km

Strecke: Für's Auge schön – für die Füße weniger. Asphalt, Asphalt, Asphalt...

Das Wetter ist super! Irgendwie fühle ich mich schon durchtrainiert und trotz der halb - schlaflosen Nacht bin ich gut drauf. Wir laufen zu fünft los, bis sich das Feld irgendwann auflöst. Elisabeth und Renee wollen an einer Stelle runter zum Strand. Ich passe, da ich die heute sowieso ausgedehnte Etappe nicht noch mehr ausdehnen will. Also marschiere ich erst einmal alleine weiter. Falls wir uns unterwegs nicht mehr sehen sollten, dann spätestens in der Herberge in Cadavedo.

Es ist ziemlich hügelig und der Weg ist teilweise halb zugewachsen und steinig. Bei einem Abstecher ins Gebüsch zwingt mich eine Schlingpflanze unsanft in die unrühmliche Stellung einer Schildkröte in Not. Mit dem Gepäck wieder auf die Beine zu kommen, gestaltet sich ziemlich ungelenk. Egal, Krönchen geraderücken – und erhobenen Hauptes weitergehen.

In Kürze ist alles durchgeschwitzt und meine Wasserflaschen leer. Trotzdem liefere ich mir mit einem jungen spanischen Pilgerpaar ein Wettrennen im Wald. Von dem nur ich weiß, dass es stattfindet, versteht sich. Ziemlich bescheuert, aber abenteuerlich gut! Vom Ehrgeiz gepackt, nehme ich beschwingt jeden Schwierigkeitsgrad auf diesem Teilstück meiner Etappe. Total aufgeweicht von Schweiß, aber glücklich erreiche ich den Gipfel des Machbaren – bis die Beiden mich dann doch überholen. Völlig ahnungslos natürlich von dem, was mich angetrieben hat... .Jetzt bin ich richtig stolz! Im Gelände bin ich einfach unschlagbar!

In einer Bar, die längst überfällig war, tanke ich auf. Schuhe aus, und dann Kaffee und Wasser bis zum Abwinken.

Nach dem Barbesuch ist mal wieder Asphaltpiste angesagt. Während es für mich bergab geht, kommt mir ein junger Mann entgegen, der sein Fahrrad bergauf schiebt. Das ist so vollgepackt mit irgendwelchen Tüten und Taschen, dass ich ernsthaft zweifle, ob dieses Gefährt auch fahrbar ist. Auf seinem Rücken baumelt eine Gitarre. Nicht nur wegen des Musikinstruments wirkt sein äußeres Erscheinungsbild auf mich ganz sympathisch. Kurz, bevor ich einen freundlichen Gruß herausbringe, outet sich dieser unbekannte Schwerlast - Transporter als besserwisserischer Miesepeter. Statt eines netten Grußes unter Pilgern (und es gibt jetzt berechtigte Zweifel, ob er einer ist) fragt er mich mit einem abweisenden Ton, warum wir Pilger immer nur alleine laufen, statt in Gruppen. Herr Lehrer spricht Deutsch! Mein zurechtgelegter netter Gruß ist gerade auf dem sicheren Weg, vor Ungläubigkeit über so viel Unfreundlichkeit verschluckt zu werden. Ich räuspere ihn wieder hoch, und erwidere prompt: ,Hi, dir auch einen schönen Tag noch. Wo ist denn deine Gruppe?' Keine Antwort... .

Auf dem weiteren Weg treffe ich kurze Zeit später wieder auf ,meine Gruppe'. Die nächsten Kilometer müssen wir wohl oder übel weiter auf der Straße laufen. Ein Autofahrer, der sicher nicht ohne Grund hier unterwegs ist, hält neben uns an und steckt uns einen Flyer zu, der eine Pension in Cadavedo empfiehlt. Im Verlauf dieser Etappe ergibt es sich, dass sich unsere Gruppe noch einmal auseinander dividiert.

Auf den letzten 500 Metern vor dem Ortseingang von Cadavedo liegt ein Hund platt mitten auf der Straße. Aus der Entfernung sieht es aus, als ob er tot gefahren worden ist – und einfach liegen gelassen, schießt es mir durch den Kopf. Eine Straßenbiegung weiter ist der Hund verschwunden. Hat den Kadaver schon jemand weggeräumt? Die Mentalität der Spanier ist ja aus der Sicht vieler Deutscher eher eine nach dem Motto: Manana – Morgen ist auch noch ein Tag. Der Slogan gilt nicht nur für Bauarbeiter – sondern sicher auch für das Beseitigen von Verkehrsopfern. Wenig später sehe ich das vermeintliche Verkehrsopfer dösend vor einem Haus am Straßenrand liegen. Es atmet! Direkt vor dem Haus auf der Straße ist ein großer Flecken auf dem Asphalt zu sehen. Zu meiner Erleichterung, dass der Hund noch lebt, mischt sich ein ungutes Gefühl... Verkehrsopfer scheinen hier Programm zu sein.

In Cadavedo angekommen, das man natürlich nur durch die Besteigung eines Hügels erreicht, falle ich in ein Restaurant ein, wo ich erst einmal meinen Magen zufriedenstelle. Elisabeth und Renee kommen auch irgendwann vorbei. Beim Wirt fragen wir nach der uns empfohlenen Pension. Er ist so freundlich, die Pensionswirtin anzurufen, die uns dann auch noch wegen des inzwischen einsetzenden Regens persönlich abholt. Die Pension ‚Casa Carin' ist nicht nur wegen der Namensverwandtschaft ein Geheimtipp. Die Aufnahme ist herzlich, der Preis stimmt, und das Ambiente ist für Pilger mehr als angenehm. Wir beziehen gutgelaunt dieses kleine Appartement. Alles ist sehr nett, sehr sauber, sehr neu.

Am Abend werden Elisabeth und Renee noch zum Essen gefahren. Ich bleibe um zu schreiben, meine Vorräte zu essen – und früh zu schlafen. Später kommen die beiden Amerikanerinnen völlig durchnässt vom Essen zurück. Sie wollten den Rückweg zu Fuß antreten – und wurden unverhofft von einem heftigen Gewitter überrascht.

Die Nacht ist ruhig, aber kalt.

Vierter Tag: Freitag, 25. April (von Cadavedo bis Luarca) 19 km

Hallo? Asphalt ist doch eher was für Gummireifen...

Nachdem Elisabeth Renee's Blase am Fuß verarztet hat, starten wir in einen schönen, aber vorerst kalten Tag. Die ersten 500 m bestreiten wir mit Matsch-Hopping. Auf dem schlammigen Waldweg begegnet uns ein alter Mann, der sich über unser Auftauchen freut und mit Wonne Bonbons verteilt. Mit entsprechenden Schlammschuhen geht es weiter auf der Piste, sprich: Straße. Es geht gut voran und der Weg ist hier gut ausgeschildert.

Nach ungefähr 2 Stunden gibt es in einer Bar den verdienten Pausen - Kaffee. Dort lernen wir auch Anne kennen, eine junge Deutsche. Gerade hat sie ihre Schauspielausbildung abgeschlossen. Bevor sie im nächsten Jahr in einer TV - Sendung bei einem Privatsender zu sehen sein wird, will sie ans Theater. Sie entpuppt sich als typischer ‚Hobbit'. ‚Hobbits' nennt man diejenigen Pilger, die auch schon einmal gern die ‚feve' (den Zug) oder den Bus nehmen, wenn's kneift.

Wir gehen alle noch hinunter an den Strand. Dann wandern wir zu viert bis nach Luarca. Hier verabschiedet sich Anne von uns. Sie will am gleichen Tag noch weiter. Anne strahlt sehr viel Selbstbewusstsein aus, das ihr wahrscheinlich auch schon in einer unschönen Situation auf dem Camino geholfen hat: Mitten im Wald auf der Straße hat sie vor ein paar Tagen ein Autofahrer ‚verfolgt', d.h. er hat immer wieder angehalten, umgedreht, überholt und sie dabei beobachtet. Nichts ist passiert – sie hat Glück gehabt. Und in einer solchen Situation offenbar richtig reagiert. Sie ist cool geblieben und hat vorgegeben, dass sie telefoniert. Dadurch ist sie den ominösen Unbekannten los geworden. Für den Notfall hätte sie auch ihr mitgeführtes Pfefferspray eingesetzt – obwohl der Besitz und der Einsatz von Pfefferspray in Spanien illegal ist... .Okay, bis jetzt war ich in Begleitung – doch falls ich wieder al-

leine unterwegs sein sollte, warte ich nicht auf angsteinflößende Autofahrer. Angst ist ein schlechter Begleiter... .

Nachdem wir uns herzlich von Anne verabschiedet haben, suchen wir
erst einmal die Tourist - Info auf. Dort bekommen wir einen Stempel
und Tipps für Übernachtungsmöglichkeiten. In einem nahe gelegenen
Restaurant im Zentrum essen wir noch zu Dritt ein Menu del Dia. Dabei erfahren wir überraschend von Renee, dass sie sich entschlossen
hat, noch 15 km weiter zu gehen bis Pinera. Es beginnt zu regnen.
Aber Renee wäre nicht von ihrem Vorhaben abzubringen gewesen und
keiner von uns versucht es – ganz nebenbei bemerkt. Es ist ihre Entscheidung – und Elisabeth und ich respektieren das.

Während diese tapfere und sympathische junge Frau aus Minnesota
ihre letzte Energie im Regen bis Pinera abläuft, beziehe ich mit Elisabeth ein Doppelzimmer in einem alten Hotel. Pro Nase 20,00 Euro.
Incl. Badewanne und Stuckdecke. Badewanne ist Programm – wenn
nicht jetzt, wann dann? Während sich Elisabeth einen amerikanischen
Sender im Fernsehen anschaut, den sie nach langem Zappen gefunden
hat, und jetzt zufrieden vor der Flimmerkiste auf dem Ehebett herum-
lümmelt, schwelge ich in meinem bis hierhin mitgeschleppten Eukalyp-
tus-Ölbad. Täglich laufen wir stundenlang durch Eukalyptuswälder –
jetzt will ich auch mal darin baden! Bei der Gelegenheit pflücke ich so
ganz nebenbei zwei Baby - Zecken vom linken Unterschenkel. Danach
bin ich wieder Mensch: sauber, satt, trocken. Und hoffentlich parasiten-
frei. Ich muss gestehen: Ein beschämend gutes Gefühl für einen Pilger.

An diesem Abend gehen Elisabeth und ich zum Hafen. Auf dem Weg
durch die Stadt lauern in den Auslagen einer Edel-Cafeteria kunstvoll
dekorierte Mini-Törtchen. Gegen diese Verführung können sich zwei
Pilgerinnen, die sich schon seit Tagen hauptsächlich von Bananen und
Bocadillos ernähren mussten, nun wirklich nicht wehren. Die Verzü-
ckung in unseren Gesichtern beim Genießen dieser winzigen Kostbar-
keiten wäre ein Selfie wert gewesen.

In einer Weinbar direkt am Hafen trinken wir dann ein Gläschen Rotwein mit Knabberkram, sitzen auf ziemlich hohen Barhockern und genießen die wirklich schöne Musik (u.a. von Sting) und die Ruhe, die sich nach einem anstrengenden, aber schönen Tag in angenehme Erschöpfung verwandelt. Das Dümpeln der bunten Fischerboote und das Schlagen der Seile gegen die Masten der Schiffe im leichten Wind tun ihr Übriges.

Irgendwann sind wir reif für das frisch bezogene, große Hotelbett...auf dem wir aber vor dem Schlafengehen noch eine Partie spanisches Rommee spielen. Außerdem erwartet mich noch eine Überraschung: Eine dicke Blase am dicken Zeh! Und wahrscheinlich aus Gründen der Sympathie für den dicken Onkel mit seiner Wasserblase hat sich der Nachbar - Zeh für eine saftige, in edlem Blau gehaltene Blutblase entschieden!

Fünfter Tag: Samstag, 26.April (von Luarca bis La Pinera) 15 km

Leicht zu bewältigende Wegstrecke. Hügellandschaft.

Elisabeth und ich werden vom Lärm einer erwachenden Stadt direkt vor unserem Zimmer geweckt. Es ist 8.00 Uhr morgens. Das ist eine gute Zeit für ausgeschlafene Pilger. Eine halbe Stunde später sitzen wir in einer Bar beim Frühstück. Das fällt auch ganz fürstlich aus, weil wir dauernd irgendetwas nachbestellen. Die fetten Buttercroissants sind der Hit. An Kalorien und Fett wahrscheinlich kaum zu überbieten. Wir verbuchen beides kurzerhand als Brennstoff für die nächsten drei Tage.

Ich überrasche Elisabeth mit einem kleinen Schirmchen aus Vollmilch-Schokolade, das ich noch schnell heimlich vor unserem Aufbruch kaufe. Damit löse ich bei ihr einen mittelschweren Anfall von Gerührtheit aus. Was wiederum beweist, dass auf dem Camino, der normalerweise voller Entbehrungen ist (wenigstens was Schokoladenschirmchen betrifft), eine so winzig kleine Aufmerksamkeit für derart emotionale Ausbrüche sorgen kann... .

Das ungewohnt gute Frühstück liegt auf den ersten Metern schwer im Magen. Zumal wir aus dem Ort heraus erst einmal einen nicht zu unterschätzenden Berg hinauf müssen. In der Nacht hat es geregnet, aber der fallende Morgennebel verrät uns, dass es ein warmer Tag werden wird. Und schon kommt die Sonne raus – und begleitet Elisabeth und mich strahlend bis zum Schluss der heutigen Etappe. Unterwegs gönnen wir uns noch ein Tortilla-Bocadillo.

An dieser Stelle möchte ich es nicht unerwähnt lassen (selbst wenn ich Gefahr laufen sollte, mich zu wiederholen), dass ich den Fehler vom letzten Jahr auf meinem jetzigen Zweiten Teil nicht wiederholen werde: Ich achte diesmal peinlichst genau darauf, dass es meinem Körper, dem ich hier so viel abverlange, an nichts fehlt. Soweit das logistisch in diesem Teil des Landes möglich ist...

Dieser Tag ist nicht übermäßig strapaziös und geprägt von guten Gesprächen. Kurze Pausen bei herrlichem Sonnenschein verleiten Elisabeth dazu, ihren Endorphinspiegel mit dem Genuss zahlreicher Zigaretten auf einem richtig guten Level zu halten. Sie raucht nur, wenn sie im Urlaub ist – dann aber bei jeder sich bietenden Gelegenheit. Ich dagegen bin schon in Hochstimmung, wenn ich trockenen Fußes das nächste Ziel erreiche...

In Pineres angekommen stürmen wir erst einmal einen kleinen Supermarkt. Der hat erstaunlich viel zu bieten, und dementsprechend fallen unsere Einkäufe aus: Brot, Käse, Dosen-Sardinen, Apfelkuchen und O - Saft. Elisabeth ist stolz, eine Literflasche Rotwein für unglaubliche 1,50 Euro erstehen zu können und verkündet frohgelaunt, dass sie die am Abend mit mir trinken will. Schnell verdränge ich den flüchtigen Gedanken, dass der Genuss dieses Weines das Letzte sein könnte, was ich in diesem Leben genieße. 1,50 Euro! Der Wein ist mordsmäßig günstig… . Stattdessen bringe ich meine freudige Erwartung auf dieses Event zum Ausdruck.

Dermaßen positiv gestimmt folgen wir den weiteren Anweisungen des Outdoor - Führers bis zu einem unscheinbaren kleinen Häuschen, in dem wir wie im Wanderführer versprochen einen Stempel und den Schlüssel zur Herberge bekommen. Trotz einer Haustür, deren oberer Teil offen steht wie die eines Ziegenstalls, ist es in dem winzigen Raum schrecklich muffig, aber dafür angenehm kühl. Die Hospitalera scheint ein Kuli-Fetischist zu sein: Im ganzen Raum hängen dicht gedrängt Kugelschreiber aus der ganzen Welt bunt durcheinander an der Decke, an den Wänden…Ich bin kurz davor, ihr auch meinen zu überlassen – dann hätte sie zwischen ihren mehreren Hundert Exemplaren einen mehr – ich hätte dann allerdings gar keinen mehr. Ich finde dann doch, dass das ein mehr als ungleiches Verhältnis ist – und lasse meinen stecken.

Wenig später finden wir die Herberge hinter einer Kirche, abseits vom Ortskern. Es ist eine ehemalige Dorfschule mit 20 Liegen und einem

Aufenthaltsraum. Wir haben kurz die Schlüsselgewalt, weil wir die Ersten sind – aber nicht die Letzten.

Während ich in der Dusche mal wieder damit kämpfe, meine trockenen Sachen trocken zu halten, höre ich Elisabeth, wie sie einen Neuankömmling begrüßt. David von den Kanaren ist angekommen. Er ist mit dem Bike unterwegs auf dem Camino. Nach einer immer wieder mühsamen Prozedur, Wäsche in einem Waschbecken ohne Stöpsel zu waschen, treffen wir uns draußen auf dem sonnigen Hinterhof an der Wäscheleine und schwatzen.

David hat sich schon mit zarten 17 Jahren für die Militärlaufbahn entschieden. Jetzt ist er mit 50 Jahren pensioniert. Sicher nachvollziehbar, denn unter anderem hat er in Afghanistan und im Irak gedient. Seine drahtige Erscheinung kommt auch nicht von ungefähr, wie sich beim gemeinsamen Essen herausstellt: Zwei Handvoll grüner Salat und zwei winzige Döschen Thunfisch ist alles, was er zu sich nimmt. Freundlich aber bestimmt lehnt er unsere Einladung zu einem Gläschen Rotwein aus dem Super-Sonderangebot, Käse und Salzkräcker ab. Und bloß keine Süßigkeiten! Der Mann ist unheimlich diszipliniert. David hat auch seine Ausrüstung super organisiert: Er ist sehr ordentlich und für alles gerüstet. Mit seiner mitgebrachten Propanflasche, die die Größe eines Insektensprays hat, sorgt er dafür, dass wir heißes Wasser für Tee bekommen. Sein Fahrrad stellt er zur Schlafenszeit in den Schlafraum, direkt neben sein Bett.

Zwei Stunden später ist die Herberge fast voll. Und zwar mal wieder international. Ein paar Japaner sind auch dabei. Es gibt rührende Wiedersehensszenen von Pilgern, die sich unterwegs verloren haben. Andere lernen sich hier neu kennen. In Kürze ist es vorbei mit der Ruhe.

Irgendwann am Nachmittag kommt Agnes aus Litauen reingehumpelt. Ihre Füße sehen aus wie ein umgedrehter Streuselkuchen. Seit Tagen kämpft sie mit mittlerweile fünfzehn ausgewachsenen Blasen. Die sitzen überall: An den Füßen, unter den Füßen und an den Zehen. Da läuft sie mit, bzw. darauf herum – unvorstellbar. Um die ganze Chose zu desinfizieren, benutzt sie reichlich Jod-Tinktur. Was die rein optische Dramatik zusätzlich wirkungsvoll in Szene setzt… .

Für die Nacht ziehe ich mir eine der wenigen Wolldecken an Land. Nicht ohne sie vorher auf ‚Tierchen' zu untersuchen. Es ist eiskalt in dem ehemaligen Unterrichtsraum dieser alten Schule. Und wieder ist es der junge Mann von den Kanaren, der sich darum kümmert, dass ein kleines Heizerchen unmögliches möglich macht: Dass es für alle ein winziges bisschen angenehmer wird.

Danke für alles, David!

Sechster Tag: Sonntag, 27. April (La Pinera bis La Caridad) 15 km

Höhenprofil: Unwesentlich

Easy. Wenn man den Stresstest für die Füße verdrängt: Asphalt. Immer locker abrollen…

Wir haben es heute nicht eilig mit dem Aufstehen – die heutige Etappe verspricht mehr ein Spaziergang zu werden. 15 km liegen vor uns. Keine Sonne, dafür windig und kalt. Laut Outdoor - Führer erwartet uns fast nur Asphalt-Piste. Achillessehnen - Training erster Güte.

Elisabeth und ich starten ohne Frühstück. Dafür machen wir zweimal Halt in einem Café – hierfür wird keine Gelegenheit ausgelassen. Ganz angenehmes Laufen soweit, bis auf die einzige Blase am Zeh, die sich ab und zu empört meldet. Wenn ich da an Agnes denke…

Kurz nach Mittag erreichen wir La Caridad.

Am Ortseingang entdecke ich einen winzigen, verdreckten Hundezwinger, darin ein völlig verängstigter mittelgroßer Mischling. Durch das Buschwerk, das uns voneinander trennt, haben wir einen kurzen, aber intensiven Blickkontakt. Ich benutze hier bewusst das Wort ,wir', weil ich in diesem Moment eine Energie gespürt habe, die uns verbindet. So viele arme Kreaturen ich auf dem Weg schon sehen musste – diesen Blick werde ich nie vergessen. Weil es schwer ist, ihm standzuhalten. Und weil es genauso schwer ist, sich davon zu trennen. Und heute noch steht die berechtigte Frage im Raum: Warum hast du nicht gehandelt?

Was hätte ich tun sollen? Alle Hunde, von denen ich nur erahnen kann, dass sie ohne jegliche Lebensqualität dahinvegetieren, auslösen und mitnehmen? Mit meinen (noch) recht kläglichen Spanischkenntnissen mit den Hundehaltern, mit der Polizei sprechen? Und was, wenn ein geretteter Hund gleich durch einen anderen ersetzt wird? Was hätte ich also tun sollen?

Jedes Einzelschicksal ist es wert, beachtet zu werden. Aber hier muss sich grundsätzlich etwas ändern. Dazu gehört vor allen Dingen, aufzuklären und eine ganze Nation für die Bedürfnisse einer hochsozialen Spezies zu sensibilisieren.

Ich habe diesen Hund nicht fotografiert...

Im Zentrum von La Caridad treffen Elisabeth und ich ein paar bekannte Pilger vor einer Bar. Sie wollen hier warten, bis einer von ihnen den Herbergsvater ausfindig gemacht hat, der ihnen aufschließt. Wir hingegen haben heute keine Lust auf Herberge. Zumal wir im Vorübergehen einen Blick darauf werfen konnten. Der erste Eindruck war schon entscheidend.

Wir quatschen einen Fußgänger an, der aussieht, als würde er hierhin gehören. Treffer! Der nette Herr empfiehlt uns eine kleine Pension keine 20 m weiter.

Jeder von uns zahlt 20,00 Euro, und wir beziehen ein Doppelzimmerchen, klein aber fein, sogar mit Balkon. Erst einmal Schuhe und Socken aus, und dann sitzen wir angenehm erschöpft aber rundum zufrieden auf dem winzigen Balkon. Elisabeth raucht und der Wind steht gut: Gegen Zigarettenqualm hat das Odeur unserer Käsesocken, die hier draußen ausdünsten sollen, keine Chance. An der aus oben genannten Gründen relativ frischen Luft verputzen wir unsere Vorräte von Brot und Käse.

Nicht nur das Zimmer erweist sich als ziemlich puppig, auch die Nasszelle verdient in dieser Hinsicht erwähnt zu werden. Eine ausgefuchste Konstruktion aus Dusche und Wanne wartet auf Freiwillige. Am Besten man steigt rückwärts ein. Mit etwas Geschick kommt man in eine

Position, die dem Sitzen ähnelt. Sobald der mutige Benutzer versucht, auch mal den Oberkörper zu Wassern, ist er gezwungen, die Beine in einer akrobatischen Aktion Richtung Zimmerdecke hochzustellen. Andersherum guckt der Oberkörper ab Bauchnabel aus dem Wasser. Irgendetwas wird immer kalt.

Dem Schimmel an der Badezimmer - Decke scheint das Klima hier offenbar gut zu gefallen... Übrigens: Am Optimalsten ist es, wenn man tatsächlich vorwärts wieder aussteigt!

Auf diese Weise frisch gemacht, halten wir eine kleine Siesta auf frischen Betten. Hier ist es auf jeden Fall wärmer als in der Herberge, das steht fest.

Gegen Abend bekommen wir ein Menu del Dia in einem Keller - Restaurant.

Bevor wir bestellen können werden wir einer Befragung durch den Wirt unterzogen. Er will auf Nummer sicher gehen, dass wir auch wirklich Pilger sind und seines Pilgermenus würdig. Brav erzählen wir ihm wo wir herkommen und wo wir hin wollen – und dass wir ziemlich fertig sind und nur noch essen und schlafen wollen. Test bestanden. Es gibt Spaghetti bis zum Abwinken, Tortilla und Joghurt – und eine ganze Flasche Wein. Danach sind wir gut bedient. Bis zu unserer Mini - Pension schaffen wir es gerade noch – dann geht nichts mehr.

Siebter Tag: Montag, 28. April (La Caridad bis Ribadeo – über Tapia de Casariego) 28 km

Bis Ribadeo nochmal Meer. Ab Ribadeo kein Meer mehr.

Das Frühstück in der Pension ist ganz schön. Nach etwa einer Stunde gönnen wir uns eine nette Pause in einem Dörfchen.

Ziemlich hinterlistig führt uns die Beschilderung unweigerlich über Tapia de Casariego. Elisabeth ist ein bisschen stinkig, weil wir dadurch einen Umweg in Kauf nehmen müssen, der so nicht geplant war. Es sind jetzt fünf Kilometer mehr zu laufen, und bis Ribadeo kommen wir dadurch heute wieder mal auf 28 km.

Die letzten 600 m vor Ribadeo über die gewaltige Puente de los Santos ziehen sich wie Kaugummi…

Mit der Überquerung der Brücke passieren wir auch die Grenze nach Galicien – geschrieben mit ,c' – um es nicht mit dem polnischen Galizien zu verwechseln. Galicien ist ziemlich bergig, was wir noch zu spüren bekommen werden. Und noch eine Besonderheit erwartet uns bezüglich der Weg - Zeichen: Hier in Galicien ist der Muschel - Wegweiser umgekehrt abgebildet. Wer hat sich das jetzt wieder ausgedacht? Vorerst ist dieser Umstand gewöhnungsbedürftig – aber wenigstens hat man die gelben Pfeile nicht umgedreht… .

Direkt hinter der Brücke befindet sich die kleine Herberge, in die Elisabeth kurzerhand eincheckt. Ihr reicht es definitiv für heute. Danach machen wir uns gemeinsam auf in die Stadt, um etwas zu trinken und ein Hotel für mich zu suchen. Ja, dass ich mir in Ribadeo ein Hotel gönne, stand schon vor meiner Abreise fest. Hier wollte und will ich einen ganzen Tag ausruhen. Und zwar in einem schönen Ambiente. Außerdem bin ich guter Hoffnung, dass mich erstens eine Badewanne erwartet, und zweitens, dass diese ganz normal begehbar ist.

Auf dem Weg in die City treffen wir oberhalb des Hafens auf eine kleine Gruppe Pilger, von denen uns einige schon bekannt sind. Auch Agnes ist dabei. Ihren Füßen geht es natürlich nicht besser und sie überlegt, einen Tag zu pausieren. Die Option, den Camino abzubrechen schließt sie unter den gegebenen Umständen ebenfalls nicht aus. Ihre Füße sehen wirklich schlimm aus.

Zwei Meter weiter sonnt sich ein junger Franzose, den bei genauerem Hinsehen ein ähnliches Schicksal ereilt hat: Richtig fette Blasen bevölkern ungeniert seine Zehen. Den Originalzustand seiner dermaßen befallenen Extremitäten kann man nur noch erahnen. Er entpuppt sich als wahrer Sunny - Boy. Mein ehrliches Entsetzen winkt er locker ab und verspricht, dass ihm nichts weh tut. Blasen gehören zum Camino dazu, findet er, und seine seien doch wahre Prachtexemplare. Solange man nicht darin herumstochert und sie reizt, gäben sie einen natürlichen Druck - Puffer ab. Wichtig sei nur, dass man sie ab und zu an die frische Luft bringt. Was bei durchschnittlich sechs Stunden Wandern am Tag in entsprechendem Wanderschuh - Klima schwierig wird… .

Ich wünsche ihm und seinen Prachtexemplaren weiterhin einen ‚Buen Camino' und beruhigt ziehe ich mit Elisabeth weiter in Richtung Innenstadt. Wir finden eine kleine Bar, wo wir zusammen noch etwas trinken. Danach verabschieden wir uns plötzlich, aber sehr herzlich voneinander. Wir hoffen, uns in Santiago vielleicht wieder zu treffen…

Nach einer ganzen Woche gemeinsamen Pilgerns und einem für mich ungemein wertvollen Englischkurs ‚for free' geht jetzt jeder von uns wieder seinen eigenen Weg. Elisabeth will am 7. Mai in Santiago sein, um dort ihre Mutter zu treffen. Ihr Zeitplan ist also durchgetaktet –

wenn nicht sogar knapp bemessen. Wenn nichts dazwischen kommt, kann sie es schaffen. Ich drücke ihr die Daumen! Sie ist eine echte Pilgerfreundin für mich geworden, und die Zeit des gemeinsamen Wanderns mit ihr war kurzweilig und lustig – es war einfach schön!

Jetzt möchte ich gerne meinen freien Tag in Ribadeo genießen. Dazu gehört die perfekte Unterkunft. Die Straße, auf der Elisabeth und ich uns verabschiedet haben, ist gespickt mit diversen Hotels und Pensionen. Kurz erwäge ich mir eine Entscheidungshilfe bei der Touristen - Info zu holen. Es kommt nicht dazu – weil ich urplötzlich vor einem Hoteleingang stehen bleibe. Das Hotel hat mich gefunden!

Alles passt: Lage, Ambiente, Preis – Badewanne! Frühstück inklusive. Ich freue mich und bin gerade wunschlos glücklich! Ein ganzer Tag Entspannung liegt vor mir. Eine Verschnaufpause für Körper und Geist.

Mit meinen wenigen Habseligkeiten richte ich mich kurz häuslich ein, das heißt, meine Zahnbürste muss nicht sofort zurück ins Döschen, sondern kann mal in Ruhe austrocknen. Ein Nickerchen auf dem großzügigen frischen Bett – da erwachen neue Lebensgeister. Zum Beispiel ein ausgewachsenes Hungergefühl!

In fliederfarbenen Badelatschen (meine Sandalen habe ich aus gewichtstechnischen Gründen zuhause gelassen) erkunde ich die Stadt und studiere nebenbei die Speisekarten von diversen Restaurants. Kurzerhand entscheide ich mich für ein Menu del Dia in einem Restaurant an der Plaza de Espana. Von hier aus kann ich das Treiben auf der Straße beobachten. Das Essen ist günstig, gut und reichlich und schwimmt jetzt in zwei Gläsern Rotwein. Logischer letzter Tagesordnungspunkt: Zurück in das Hotel meiner Träume und ausgedehnt schlafen!

Ich kuschel mich in mein sauberes, wohltemperiertes Bettchen von 1,60 m Breite. Alles scheint darauf hinzudeuten, dass es gerade nichts wesentlich Schöneres gibt. Da ich vom Wandern und Essen ziemlich erledigt bin, schlafe ich erst einmal ein Stündchen tief und fest bis 22.00 Uhr.

Dann werde ich unsanft geweckt. Vom Zimmer nebenan dröhnt der Fernseher – und zwar unverschämt laut. Das stört jetzt gewaltig.

Gnadenlos wälze ich mich bis zehn vor eins, unterbrochen von kurzen, unruhigen Schlafsequenzen, auf meinem Qualitätsbett. Versuche, mit der Decke über dem Kopf die Störquelle zu ignorieren, scheitern kläglich. Bisher habe ich den Gebrauch von Oropax vehement verweigert – jetzt hätte ich gerne welches.

Die Wände scheinen hier aus Pappe zu sein – die Dramatik der Musik, die ungehindert durch die Pappwand schwappt, lässt auf einen Horrorfilm schließen. Im ‚Snooze - Modus' switche ich aus Neugierde in meinem TV herum, bis ich den gleichen Sender gefunden habe: Da läuft eine billige Produktion mit einem riesigen Pferd, das Menschen verschlingt. Ich bin mir noch nicht sicher, wer mir mehr leid tut: Dieser arme, mutierte Gaul, die hirnlosen Opfer desselben – oder ich: Eine durch Schlafentzug gebeutelte Pilgerin in einem Mittelklasse - Hotel.

Irgendwann platzt mir der Kragen und ich klopfe so laut ich kann gegen die Wand: Keine Reaktion. Das habe ich befürchtet. Wenn der Architekt dieses Großkinos einigermaßen ausgeschlafen war, hat er die Zimmer so konzipiert, dass er nicht nur die Bäder, sondern auch die Fernseher jeweils spiegelverkehrt positioniert hat.

Die Option, meinen Zimmernachbarn um mittlerweile 2.00 Uhr nachts mit einer Beschwerde zu konfrontieren, verwerfe ich schnell wieder. Ich verwette meinen Rest guter Laune darauf, dass es sich hier nur um eine testosteron - gesteuerte Person handeln kann. Männer, die bis in die Puppen billige Horrorfilme und anschließend irgendwelche heißblütigen Debatten auf Spanisch gucken, haben wahrscheinlich ein abschreckendes Tattoo und eine Pistole im Anschlag, wenn man sie mit einer verhaltenen Bitte konfrontiert, den Fernseher leiser zu drehen. Stattdessen leide ich und drehe mich nochmal um.

Seichtes Dahindösen und mindestens drei Toilettengänge aus reinem Zeitvertreib bis 2.27 Uhr.

Ja, präzise genau um diese Uhrzeit fährt unter meinem Zimmer ein LKW vor, um die gegenüberliegende Fischhalle zu beliefern. Natürlich lässt der Fahrer den Motor laufen, um die Kühlkette nicht zu unterbrechen. Jetzt wird nebenan am Volumen gedreht! Ist ja auch ärgerlich, wenn man wegen eines laufenden Motors kein Wort mehr versteht. Fernseher und Lieferwagen liefern sich bis 2.45 Uhr ein Duell. Soll ich jetzt lachen oder weinen?

Dann, genau um 2.51 Uhr ist endlich Ruhe. Ruhe! Ich dusel ein und schlafe tatsächlich ein wenig. Wenn man schlafen will, kann man nicht, und wenn man dann schlafen kann, kann man auch nicht mehr so wirklich...

Um Punkt 6.00 Uhr fährt der Müllwagen vor – und kümmert sich nicht gerade zimperlich um die Entleerung von 6 großen Müllcontainern. Dann wieder himmlische Ruhe bis auf ein paar vereinzelte Autos.

Jetzt kommt die Kehrmaschine...

Achter Tag: Dienstag, 29. April (Ribadeo: Ein Mal mit Gummischlappen um den Block)

Höhenunterschied: Hoteltreppe bis in den zweiten Stock. Stadtluft, Stadtlärm. Und freie Restaurant - Wahl.

Ein heißes Buttercroissant versucht rührend, die vergangene Nacht vergessen zu machen. Im Kakao steht der Löffel. Es ist 8.30 Uhr. Trotz der chaotischen Nacht war an Ausschlafen nicht zu denken.

Der Fernseher in der Bar bringt die Nachrichten des Tages. Im Fall Ukraine werden abwechselnd Putin und Obama eingeblendet. Die Nachrichtensprecherin nimmt keine Rücksicht auf Pilger mit einem gerade hart erarbeiteten ersten Lernlevel in Spanisch und handelt die weltpolitische Krise auf gewohnt rasante Weise ab.

Der Wetterbericht ist dagegen auch für Anfänger der spanischen Sprache schön.

Auf dem Flur vor meinem Zimmer treffe ich wenig später zufällig den Nervtöter der vergangenen Nacht: Meinen Zimmernachbarn. Seine äußere Erscheinung ist eher unscheinbar und weist kein sichtbares Tattoo auf. Überhaupt entspricht er so gar nicht meiner Vorstellung eines testosteron- gesteuerten Zorros. Im Gegenteil: Nachdem ich ihm meine Beschwerde auf eine den Umständen entsprechende eher nette Art und Weise auf Spanisch und mit Gebärdensprache serviert habe, entschuldigt er sich vielmals und gelobt mit tiefstem Bedauern Besserung.

Der Wolf im Schafspelz? Ich bin gespannt!

Auf dem Programm steht ein erneuter kleiner Stadtbummel. Ribadeo hat sicher mehr zu bieten, aber die schlaflose Nacht hat mir die Lust genommen auf irgendwelche Kirchen- oder Museumsbesuche. Stattdessen schreibe ich Postkarten, nehme ein erneutes Schaumbad, gönne mir mal meine mitgeschleppte Einmal - Haarkur und hole den so nötigen Schlaf nach. Unten in der hoteleigenen Bar bekomme ich noch ein Käse - Sandwich und ein paar Tortilla - Tapas.

In der Nacht ist es mäuschenstill...

Neunter Tag: Mittwoch, 30. April (Ribadeo bis Villanova de Lourenza)
27 km

Abschied vom Meer. Bergige, ländliche Wegstrecke. Wälder, Wiesen,
Kühe

Frühstück gut, Wetter gut – alles gut! Heute ist der erste Tag, an dem
ich auf meinem diesjährigen Camino ganz alleine gehe. Ich fühle mich
frei und beschwingt. Und ausgeschlafen!

Beflügelt nehme ich den ersten Berg.

Irgendwann fingere ich nach einem Tempo – und aus einer meiner
zahlreichen Anorakfächern kommt stattdessen ein Schieferstein zum
Vorschein. Erstaunlich: Diesen kleinen Gewichts-Potenzierer habe ich
im letzten Herbst bei einer Eifelwanderung aufgesammelt – und die
ganze Zeit auf dem Camino mit mir herumgeschleppt. Der nächste
Pömpel mit der Jakobsmuschel ist schon in Sichtweite, und mein Stein
wird liebevoll darauf platziert. Foto – und tschüss!

Nach ziemlich genau 5 Stunden und mindestens dreißig Gramm weniger in der Tasche, treffe ich in der ersten Bar am Weg die ersten Pilger.

Insgesamt laufe ich an diesem Tag sieben Stunden und bezwinge ganz
nebenbei die Ausläufer der Picos.

Die Herberge in Villanova de Lourenza ist auf den ersten Blick ziemlich klein. Ich muss wohl oder übel ein doppelstöckiges Bett oben beziehen. Die Bettkonstruktion erweist sich als äußerst wackelig – so gar
nicht mein Ding. Zumal ich zweimal in der Nacht raus muss. Meine
Gebete werden erhört, und ein dritter Schlafraum wird geöffnet. In
Windeseile krame ich mein Zeug zusammen und erwische eine untere

Liege. Die wenigen vorhandenen Wolldecken sind schon anderweitig verteilt. Ohne eine solche werde ich diese Nacht wieder keinen Schlaf bekommen – diesmal vor Kälte.

Ich starte einen Wolldeckeneroberungsfeldzug durch die gesamte Herberge. Am Ende trage ich meine Beute zufrieden zu meinem Lager. Mein letzter Schokoriegel eingetauscht in eine Wolldecke. Das war es mir wert!

Am späten Nachmittag ist Stadtbegehung. Im Supermarkt fülle ich meinen Vorrat an Schokoriegeln wieder auf. Die haben sich als wertvolle Tauschobjekte erwiesen.

Beim Herumschlendern fällt mir ein Second - Hand - Laden für Bücher ins Auge. Hier halten die Regale nicht die Bücher, sondern umgekehrt. Hier halten gewaltige Büchertürme die Regale zusammen. Da muss ich rein!

In einem Anflug von Selbstüberschätzung frage ich nach einem spanischen Gedichtband. Die Inhaberin des Lädchens steigt auf einen Bücherstapel und greift gezielt in eine Ansammlung von Büchern total verschiedener Genres, die sich einen halben Meter über ihrem Kopf befindet. Stolz, als wenn sie gerade einen faustgroßen Trüffel gefunden hat, präsentiert sie mir mein Gedichtbändchen für 6,50 Euro. Während sie mir ein paar offenbar bekannte Dichternamen nennt, die ihre Kunst hier zum Besten geben nicke ich schamlos wissend dazu.

Ich kaufe diese verstaubte alte Kladde. Keine Ahnung, warum. Um wieder ein paar Gramm mehr mit mir rumzuschleppen…Vor vier Minuten hatte ich noch keine Ahnung von dem, was ich nun in Händen halte.

Heute weiß ich, dass mich dieses Büchlein unbedingt auf einem Teil meines Caminos begleiten wollte…

Unweit des Buchladens gibt es eine Bar. Die Speisekarte ist äusserst übersichtlich, was nicht wirklich neu ist. Meine Wahl fällt auf Tortilla. Eine Sattmacher - Portion sieht anders aus.

Unterdessen füllt sich die Bar mit weiteren Pilgern, die sich unterwegs so kennengelernt haben. An meinem Vierertisch sitzen wir dann ganz schnell zu sechst.

Es wird eine gute Nacht. Ich muss nicht frieren und das Schnarchen hält sich in Grenzen.

Zehnter Tag: Donnerstag, 1.Mai (Villanova de Lourenza über Mondonedo nach Gontan, 26km)

Es grünt so grün…

Nach dem Zusammenpacken gönne ich mir eine Banane, einen Müsliriegel und ein Stück Käse zum Frühstück. Ich breche alleine auf.
Gleich zu Anfang empfängt mich eine dicke Steigung.

Ein paar Kilometer weiter treffe ich auf einen Spanier, der auch in Villanova de Lourenza übernachtet hat. Er hängt sich an meine Fersen,
was mir gerade gar nicht Recht ist. Vergeblich versuche ich, ihn irgendwie abzuschütteln. Durch einen der zahlreichen Hunde am Wegesrand kommt die Sprache auf spanische Haustiere. Jetzt laufe ich zur
Höchstform auf. Mit einem an Leidenschaft nicht zu überbietenden
Sprachen - Gebärdenmix spucke ich ihm meine Meinung zur Hundehaltung hier aus. Und warum es meines Erachtens so viele Hunde und
Katzen in Spanien gibt. Es liegt auf der Hand: Hier wird nur kastriert,
wenn es die Intelligenz und der Geldbeutel zulassen. Vielleicht ist es
hier auch eine Philosophie, oder eine Art Kultur, den besten Freund des
Menschen an dicke, kurze Kuhketten zu legen – und das teilweise sogar
im Zwinger…

Nachdem ich mich so dermaßen in einem ausgefeilten ‚Spenglisch' und
eingeworfenen Brocken auf Deutsch ereifert habe, binde ich mir grundlos zum x-ten Mal meine Schuhe neu und falle dadurch demonstrativ
zurück.

Bis Mondonedo darf ich wieder alleine laufen. Meine Gedanken brauchen Raum!

In Mondonedo treffe ich auch die anderen bekannten Gesichter wieder. In der Kathedrale bekomme ich zwei schöne Stempel für meinen Pilgerausweis.

Dann entscheide ich mich dafür, nach diesen 9km noch weitere 17 km bis nach Gonton zu laufen. Diese anspruchsvolle weitere Strecke wandere ich abwechselnd in Begleitung von Eva, Silvia und Carmen, allesamt Deutsche.

Besonders Eva ist eine angenehme Pilger - Begleitung. Wir plaudern angeregt über dies und das, setzen uns gegenseitig oder gemeinsam mithilfe vom Selbstauslöser für Fotos in Szene.

Silvia und Carmen gehen den Weg von Anfang an gemeinsam. Sie haben sich vor Jahren auf dem Camino Frances kennengelernt. Seitdem verbindet sie eine enge Pilgerfreundschaft.

Nachdem wir uns alle an einem alten Bauernhaus, das einem Künstlerehepaar gehört, fotographisch verewigt haben, löst sich unser Grüppchen wie von selbst wieder auf. Carmen und Silvia sind schon über alle Berge. Während ich mit Rolf telefoniere, wandert Eva fröhlich weiter.

Das sind die ungeschriebenen Gesetze des Camino. Jeder nach seinem Gusto.

Ich treffe Eva später wieder. Sie hat es sich an einer Wegbiegung auf ihrem Regenponcho im Gras gemütlich gemacht und schreibt in ihr Tagebuch. Da will ich nicht stören, und schlage den vorgeschriebenen Weg nach rechts ein. Der laut Outdoor - Führer eine satte Steigung verspricht.

Fein, ein bisschen Salz in der manchmal monotonen Etappen - Suppe kann ja nicht schaden.

Die ersten 50 m vor der ersten Wegbiegung winke ich betont locker der pausierenden Eva zu. Hinter dieser Biegung zeigen sich erste Anzeichen von Respekt. Respekt meines Körpers vor dem Berg. Alle paar Meter muss ich stehenbleiben, um zu verschnaufen, mein Gepäck wiegt auf einmal Tonnen schwer und zwischen den Schulterblättern läuft das Schmelzwasser ungehindert Richtung Hose. Die Druckpolster des Rucksacks saugen gierig den Schweiß auf und sind in Kürze klitschnass. Zu allem Überfluss scheint die Sonne – die ich im letzten Jahr so vermisst habe. Mein ganzes Erscheinungsbild muss mittlerweile einem abgeknickten, wandelnden Streichholz gleichen.

Gemäß der Prophezeihung, dass der Wanderer auch mal oben ankommt, erreiche ich tatsächlich irgendwann den Top of the mountain. Kurz halte ich die Nase in den Wind (u.a. vor Stolz) und genieße so gut es geht die Aussicht, die sich von hier oben bietet. Jetzt bloß nicht hinsetzen – die Gefahr, dass anschließend die Beine vollends streiken, ist zu groß.

Die Schotterpiste verläuft hier oben, oh Wunder, in der Horizontalen weiter. Ich gehe zuversichtlich davon aus, dass mir durch diese Übung die Absolution für ein paar besonders schräge Verfehlungen in meinem bisherigen Leben erteilt wurde. Wahrscheinlich ist meine Sünden - Bilanz jetzt sogar im Haben.

Hinter einem Busch vor einem Weidentor sitzen unerwartet Silvia und Carmen bei einem Picknick. Völlig entspannt und ausgeruht. Im Schatten. Das Himmelreich! Ein einziger Blick in ihre Gesichter genügt, um mehr als Mitleid darin zu erkennen. Andererseits: Die Beiden haben dieses Fleckchen der Glückseligkeit so kurz nach dieser Mords - Steigung sicher nicht zufällig gewählt. Wahrscheinlich sahen die genauso fertig aus wie ich jetzt – mit dem feinen Unterschied, dass sie kein Publikum hatten.

Nach einem kurzen Gruß beginnen wir mit ein bisschen Smalltalk. Schnell sind wir beim Thema: Die immer wiederkehrende Frage auf dem Camino ‚Warum tue ich mir das an?'. Und die eventuellen Folgen für Hüfte, Beine, Knie. Silvia fragt mich mit einem Engelsgesicht, warum ich keine Wanderstöcke benutze. Wo ich doch ganz offensichtlich O-Beine habe.

Uuuppps! Spontan bekommt sie von mir ein Dankeschön zurück. Eine Diagnose in dieser atemberaubenden Schnelligkeit und eiskalten Präzision haut mich fast aus den Schuhen. Ich versichere ihr, dass ich auch ohne Stöcke auskomme und der Beweis dafür gerade vor ihr steht. Gleichzeitig versuche ich meine Haltung zu bewahren – in zweierlei Hinsicht. Noch ein gekonnt freundlicher Gruß zum Abschied. Dann gelingt es mir, wenigstens bis zur nächsten Wegbiegung auf eine grazilere Körperhaltung zu achten.

Energiegeladen, wenn auch im negativen Sinne, setze ich meinen Weg fort. Sinn oder Unsinn von Silvia's Bemerkung ist mir relativ schnurz. Es war die Art und Weise ihrer Äußerung, die jetzt mein Wut - Barometer in die Höhe treibt. Oder war sie wirklich besorgt? Hat vielleicht meine aktuelle Verfassung einen gutgemeinten Rat gar nicht erst zugelassen?

Verlässlich tragen mich meine vermeintlichen O-Beine die nächste Anhöhe hinauf. Es geht weiter auf landwirtschaftlichen Wegen, und der asphaltierte Wirtschaftsweg ist nicht ganz frei von Tretminen, die die Kühe beim Gang zur Weide hinterlassen haben. Meine negative, mittlerweile fast depressive Stimmung erreicht kurzzeitig ihren Höhepunkt, weil mich so ein Fladen kalt erwischt und mich fast zu Fall bringt. So eine Sch.... !

Warum ich in dieser Situation gerade jetzt einen Blick in ein giftgrünes Bushäuschen werfe, das an dieser Stelle niemand vermutet hätte, weiß der Geier. Und ich traue meinen Augen nicht! Da hat jemand mit Sprühfarbe den Spruch hinterlassen, der den ganzen Ärger vergessen macht. Und unweigerlich muss ich laut lachen! Unglaublich, aber da steht es weiß auf grün: ‚Let's go Pilgrim – you are sexy!'

‚Sexy' bedeutet aktuell: Ich habe die Beine eines Models, fühle mich dreißig Jahre jünger, und Schweiß ist mein Aphrodisiakum... .

In Gontan komme ich von unserem durch puren Zufall entstandenen, momentan verstreuten Grüppchen als erste an. In der Herberge befinden sich erst sechs Pilger. Die Herberge ist supi! Alles sauber, äußerst geräumig, und sogar die sanitären Anlagen verdienen ein Lob. Renoviert wurde die Herberge in 2007.

Nach dem Duschen genieße ich im Sonnenschein meine in Mondonedo erworbene legendäre Mondonedo - Torte. Kalorienmäßig der absolute Super -Gau! Egal. Solange der Bushäuschen - Poet mit seiner Sprühdose in der gleichen Richtung unterwegs ist...

Es werden noch ein paar Sachen durchgewaschen, die es wirklich nötig haben, eine Wolldecke organisiert, und danach esse ich auch noch den Rest Pizza, die eigentlich nie eine war (überbackenes Baguette).

Der Schlafsaal ist mittlerweile fast voll belegt. Richtig schön satt und - oder vielleicht gerade deswegen - kuschel ich mich in meinen Schlafsack. Das Bett gegenüber habe ich für Eva reserviert, welches sie dankend annimmt.

Die Nacht ist ruhig und warm. Einfach gut.

Elfter Tag: Freitag, 2. Mai (Gontan bis Vilalba) 19,5 km

Höhenprofil: Ein bisschen rauf und runter über den Bergrücken
Immer noch ländlich. Wer Proviant im Sack hat, ist im Vorteil.

Ich lasse mir Zeit und warte, bis der erste Ansturm im Bad vorbei ist.
Eva schläft noch tief und fest. Oropax sei Dank! Das Wörtchen ‚Pax' in
Oropax ist auf ihren Gesichtszügen abzulesen.

Leise packe ich alles zusammen, um sie nicht aufzuwecken, und dann
laufe ich in den frischen Tag. Es ist 8.30 Uhr. Frühstück werde ich
irgendwann und irgendwo auf dem Weg finden. Gegen den ersten
Hunger gibt es eine Banane. Am Tag zuvor war die Etappe ungleich
schwieriger. Laut einer französischen Mitpilgerin soll es die schwie-
rigste Etappe überhaupt gewesen sein!

Nachvollziehbar, wenn man sich vorstellt, sie mit O-Beinen bestritten
zu haben.

Ich genieße meine Einsamkeit von Kilometer zu Kilometer mehr.

Nach etwa drei Stunden kündigt sich eine Bar an. Etwas abseits des
Weges. Ich nehme den kleinen Umweg in Kauf und es lohnt sich: Es
gibt dort ein Super-Frühstück, sogar mit selbstgemachter Brombeer -
Marmelade! Auch der Kaffee ist erste Sahne! Das alles für schlappe
2,20 Euro.

Hinter mir läuft im Fernseher eine Sendung über Prostata - Probleme.
Dass ich aus reiner Langeweile und Interesse an der spanischen Sprache dafür den Tisch wechsle, löst beim Barbesitzer ganz offensichtlich

leicht befremdliches Erstaunen aus. Er kann sich ein Grinsen nicht ver-kneifen.

Nach dem so herrlichen Frühstück mit reichlich Kaffee und einem lehr-reichen Fernsehprogramm meldet sich unterwegs meine Blase.

Gerade habe ich mir das passende Plätzchen mit der nötigen Deckung ausgeguckt, kommt eine ganze Herde junger Kühe um eine Wegbie-gung. Eskortiert von drei Männern. Zu dumm, aber jetzt muss ich erst einmal kneifen. Da ich es gerade eilig habe, grüße ich freundlich erst denjenigen, den ich als Anführer des Ganzen vermute, und dann die Kühe – und marschiere mitten in die Herde. Männer und Kühe wirken irgendwie verwirrt. Der Oberhirte pfeift mich zurück. Ich verdrücke mich daraufhin auf den Randstreifen und schaue zu, wie zuerst der Ober - Gaucho an mir vorübertrabt, gefolgt von den jungen Damen. Das Schlusslicht macht laut brüllend und Stock schwingend einer der Knechte. Der Dritte im Bunde kümmert sich um vereinzelte Trödler.

Im weiteren Verlauf zeigt sich gnädigerweise die Sonne noch einmal. Die Kuh -Episode lässt mich kurz meinen Blasendruck vergessen.

Aufgeschoben ist nicht aufgehoben. Jetzt muss ich aber mal wirklich dringend Pipi!

Rechts vom Weg bietet sich die Chance: Die Landschaft erinnert an die Lüneburger Heide. Ein paar zarte Tännchen, Ginster, junge Birken und der typische Grasteppich. Die Luft ist rein und meine Blase wittert Erleichterung. Dementsprechend hüpft sie jetzt bei jedem Schritt freu-dig erregt mit. Komischerweise scheint der Boden in der gleichen Stimmung zu sein. Jeder einzelne Meter weiter in dieses Biotop ver-wandelt sich der Untergrund mehr und mehr in einen Wackelpudding. Es schmatzt und gurgelt unter meinen Schuhen. Aus allen Richtungen vereinen sich kleine Bächlein. Teilweise sinke ich gefährlich tief ein und sowas wie Panik steigt in mir hoch. Ich bin im Moor! Wo ist hier der Point of no return?

Die angepeilte Deckung ist noch nicht ganz erreicht, als das strapazierte Organ signalisiert: Bis hierhin und nicht weiter. Trotz meiner Beden-ken, dass die Erde meinen Rucksack verschlingt, lege ich ihn kurz ab. Beim Pinkeln im Sumpf zu versinken, ist unschön. Der spontane Gedanke, dass es hier Sumpfnattern gibt – von denen ich schon einmal was gehört habe – ebenso.

Fertig. Bloß raus hier! Jeder Schritt zurück zum Weg rettet Leben. Kaum habe ich wieder festen Boden unter den Füßen, huscht von links nach rechts – also in die Richtung, aus der ich gerade komme – eine fette Ratte. Von Sumpfratten habe ich noch nichts gehört. Aber die Vorstellung, dass es hier neben meinen imaginären Schlangen auch echte Ratten gibt, löst ein gewisses Unbehagen aus.

Später sehe ich noch ein junges Reh und einen kleinen Fuchs meinen Weg kreuzen. Danke! Aus dieser Perspektive ist das Sumpfland jetzt wirklich etwas Besonderes. Friedlich und verträumt. Fast schäme ich mich, diese Idylle mit meiner spontanen Aktion gestört zu haben. Alle seine rechtmäßigen Bewohner, inklusive fetter Ratten, sollten in Zukunft vor solchen unachtsamen Pilgern wie mir verschont werden.

Bis zur Herberge in Vilela träume ich so vor mich hin und mache ein paar richtig gute Fotos, u.a. von einem ganz besonderen Friedhof. Auch sieben spanische Radpilger finden diesen Ort ganz spannend, und bitten um ein Gruppenfoto vor den riesigen Steinkreuzen. Ich setze die sportlichen Jungs gekonnt in Szene und habe meinen Spaß daran, die ganze Gruppe immer wieder um einige Meter zu verschieben.

Auf den Friedhöfen von Galicien dienen die großen Steinkreuze auch heute noch zur Abwehr böser Geister. Dieser Mythos ist keltischen Ursprungs. Nachts spukt es hier sicher mächtig. In meinem Fall scheint die Sonne. Im Dunkeln muss man sich hier ja auch nicht unbedingt aufhalten. Und statt böser Geister treffe ich auf meinem Friedhof diese feschen Biker. Mit denen ich nur ein bisschen Schabernak treibe…

Ich muss zugeben: Dieser Ort hat schon etwas Mystisches – das mit ein bisschen Fantasie des Nachts hundertprozentig auch Hartgesottene zum Gruseln bringt.

So langsam ist mir jetzt nach Ankommen.

Eine gefühlte Ewigkeit später verlaufe ich mich auch noch. Eine nette ältere Bäuerin empfiehlt mir zur Schadensbegrenzung die Abkürzung über einen frisch gepflügten Acker zu nehmen. Nach diesem Härtetest für meine Schuhe erreiche ich endlich kurz darauf die Herberge von Vilalba.

Ein ziemlich unsympathischer Bau empfängt hier die Pilgergemeinde. Herbergs -Architekten scheinen eine ganz besondere Spezies zu sein...

Nach den üblichen Formalitäten geht es rauf in den zweiten Stock, wo sich die Schlafräume befinden. Männlein und Weiblein sind hier getrennt. Eine Idee, die ihres gleichen sucht. Ich ergattere noch ein Bett, das für Pilger, die nachts mal raus müssen, logistisch geeignet erscheint.

Die anschließende Dusche ist in der Regel ein Highlight des Tages. Hier muss sie Teil eines verdeckten wissenschaftlichen Projektes sein. Ein Test, ob verschwitzte Pilger, die auf Reserve laufen, Wassertemperaturen bis kurz vor dem Siedepunkt unbeschadet überstehen. Das gilt allerdings nur für den ersten Durchgang. Wer eine halbe Stunde später eintrifft, hofft vergeblich auf warmes Wasser. Die empörten und erschrockenen Schreie aus dem Sanitärbereich bestätigen das...

Das Dormitorio füllt sich langsam. Nach dem Wäschewaschen gehe ich rüber ins nahe gelegene Restaurant. Hier gibt es für 11,00 Euro ein gutes, warmes Essen: Caldo Gallego, ein Galicischer Eintopf mit Kartoffeln, weißen Bohnen und Grünkohl, Merluza in Tomatensoße und Käse mit Membrillo.

Dermaßen abgefüllt muss ich erst einmal auf meine Pritsche. Doch da hält es mich nicht lange. Dringend müssten meine Vorräte aufgefüllt werden. Also laufe ich noch zum Supermarkt. Der Weg dorthin und zurück entpuppt sich als kleine Tagesetappe. Und das alles für fünf Bananen... .

Gegen Abend begleite ich Silvia, Carmen und Eva nochmal ins Restaurant, wo ich nur viel, viel Wasser trinke.

Desöfteren muss ich an das Bushäuschen mit dem für mich alles entscheidenden Spruch denken: ‚Let's go Pilgrim, you are sexy'. Ich fühle mich gut. Wer auch immer dafür gesorgt hat, dass mich diese witzige Aufmunterung nach Silvias Äußerung auf diese denkwürdige Weise erreicht – Danke! Er hat mich versöhnlich gestimmt. Und der Abend ist geprägt von netten Gesprächen und einer tollen, positiven Atmosphäre. An diesem Abend sind wir die letzten Gäste.

Zwölfter Tag: Samstag, 3. Mai (Vilalba bis Baamonde) 22 km

Die neue Autobahn lässt sich nicht wegdenken...

Der Tag beginnt entspannt. Schließlich bin ich nicht auf der Flucht. Während die Übereifrigen schon auf Tour sind, sitze ich mit Eva zusammen in einer Bar zum Frühstück. Den ganzen Tag wandern wir dann gemeinsam. Unsere Gespräche sind äußerst erquicklich und wir entdecken ein paar verblüffende Gemeinsamkeiten. Vor lauter Quasseln müssen wir aufpassen, dass wir uns nicht verlaufen.

Als ich Eva von meinem Vorhaben berichte, dass ich ein Buch über meine Erfahrungen auf diesem besonderen Camino schreiben will, stellt sich heraus, dass sie selbst schon 16 Bücher veröffentlicht hat. Das kann doch wieder einmal kein Zufall sein. Ich bekomme wertvolle Tipps von ihr und sie erzählt von Erfolgen und den negativen Seiten eines Autorendaseins. Ich begreife schnell, dass dieses Metier ein hartes Brot ist, will es aber trotzdem auf jeden Fall versuchen.

Es ist kein Wölkchen am Himmel und der Weg ist traumhaft! Ebenso wie die Herberge, die wir kurz nach 14.00 Uhr erreichen. Na ja, bis auf unser fensterloses 8-Bett - Zimmer. Der Heizkörper, der uns bei unserer Ankunft so fürsorglich entgegenstrahlt, hat einen defekten Regler. Falls der Schlafraum noch voll belegt werden sollte, könnte das zu einem Problem werden...Die allabendliche Jagd auf eine Wolldecke fällt demnach aus.

Als Trost dafür, dass man hier des Nachts gegrillt wird, gibt es eine recht ansehnliche Küche und einen wunderschönen Garten. Wir sind früh dran, darum nehmen wir die Gelegenheit wahr, unsere zahlenmäßig überschaubaren Wanderklamotten zu waschen. Draußen gibt es genügend Wäscheleinen – und Wäscheklammern!

So verschwitzt wir auch sind, wir müssen erst einmal was essen. Eva kennt sich hier in Baamonde aus und führt mich zielstrebig in die Bar Gallicia: Uralt und gemütlich. Ich wage zu behaupten, dass das Essen hier alles bisher dagewesene auf dem Camino in den Schatten stellt! Die Stimmung ist nach einer erfrischenden Dusche jetzt nicht mehr zu toppen.

Ach ja, und die Nacht...Wo Licht ist, ist auch Schatten. Die Nacht gestaltet sich im Gegensatz zum in allen Belangen erfüllten Tag ziemlich mies. Erst ist es zu warm, dann zu kalt. Eine der beiden Norwegerinnen, die in den Betten gegenüber untergebracht sind, hat sich wohl am Heizungsregler zu schaffen gemacht... Eva schnarcht...

Dreizehnter Tag: Sonntag, 4. Mai (Baamonde bis Miraz) 16 km

Höhenunterschied: Kaum spürbar.

Santiago rückt näher. Aber man bekommt nichts geschenkt.

Kleiner Snack in der Herbergsküche. Heute möchte ich nochmal alleine laufen. Eva geht es genauso. Ein wundervoller Weg erwartet mich – dazu traumhaftes Wetter.

In der Abgeschiedenheit schleichen sich immer wieder Gedanken und Bilder von Hunden in meinen Kopf, denen ich auf meinem Weg begegnet bin. Die damit verbundenen Emotionen muss ich teilweise mit Gewalt unterdrücken.

Die Idee, mit dem Verkauf meines Buches den Tierschutz in Spanien zu unterstützen, wird hier und heute geboren! Die Möglichkeit, wenigstens finanziell einen Beitrag für den Tierschutz hier in Spanien zu leisten, wirkt jetzt wie ein Turbo. Jeder Schritt, der mich weiter nach Santiago bringt, wird ein hoffnungsvoller sein. Die Hoffnung, dass ich mit meinem Buch etwas bewegen kann. Ich werde eine professionelle Tierschutzorganisation unterstützen, die sich speziell dieses Problems annimmt.

Dermaßen kreativ beflügelt erreiche ich 6 km vor Miraz eine etwas abseits gelegene Bar.

Überraschung: Dort sitzen Eva, die beiden norwegischen Schwestern und ein deutsches Ehepaar aus Stuttgart schon beim Kaffee. Die Freude über diese unerwartete Zusammenkunft ist groß. Hier gönne ich mir auch einen Kaffee und ein Stück Mandelkuchen. Der schmeckt bombastisch gut! Das Rezept wird man sicher im Internet bekommen – auf jeden Fall werde ich es ausprobieren, sobald ich wieder zuhause bin.

Abgesehen davon, dass die Temperaturen weiter steigen, gibt es im Verlauf des weiteren Weges nichts Besonderes. Außer, dass ich im Gelände auf die ältere der beiden Norwegerinnen treffe. Sie ist völlig aufgelöst, weil sie ihre Schwester aus den Augen verloren hat. Ihre Besorgnis ist nachvollziehbar, da ich von ihrer Schwester weiß, dass sie Hör- und Sehgeschädigt ist. Sie kramt etwas umständlich nach einer Telefonnummer, und ich leihe ihr mein Handy. Was nicht viel bringt, weil die Schwester ihr Telefon ausgeschaltet hat. Ich bleibe noch eine Zeitlang bei ihr stehen und siehe da – ihre Schwester ist ein paar Minuten später im Anmarsch. Alles gut gegangen! Sie bedankt sich und ich gehe meiner Wege.

Mal wieder völlig ausgepowert erreiche ich die Herberge von Miraz.

Schon bei der Anmeldung bekomme ich ein Glas Wasser kredenzt. Die diesmal englischen Hospitaleros sind wirklich liebenswürdig und die Herberge ist so schön, dass ich nicht nur vor Erschöpfung feuchte Augen bekomme. Die Hospitalera lenkt mich schnell ab, indem sie mir stolz die Wäscheschleuder des Hauses präsentiert.

Hier hat man an alles gedacht. Auch Küche und Essraum bieten alles, was man als Pilger so braucht. Unglaublich: Es gibt einen Wasserkocher! Der Schlafraum ist sauber, hell und freundlich und die Betten frisch bezogen. Nachdem auch Eva eingetrudelt ist, kochen wir uns ein Gemüsesüppchen aus Brühwürfeln, die ich nach langem Suchen zwischen Blasenpflastern und Ladekabeln hervorgezaubert habe.

Später bezieht ein junger Mann das Bett direkt über meinem: Heiko aus Berlin. Es war sein erster Tag auf dem Camino. Während er sich häuslich einrichtet, kommen wir ins Gespräch. Dabei erfahre ich, dass er mit einem Kleintransporter aus Deutschland bis Irun gekommen ist. Mit im Gepäck: Sein Motorrad, mit dem er bis 120 km vor Santiago an der Nordküste entlang gefahren ist. Nachdem er sein Motorrad irgendwo unterstellen konnte, hat er sich auf den Weg gemacht. Um in Santiago eine Compostela ausgestellt zu bekommen, muss er gemäß den Bestimmungen vorher mindestens 100 km zu Fuß zurückgelegt haben. Die im Pilgerausweis durch mindestens zwei Stempel dokumentiert sein müssen, versteht sich. Heiko ist gut drauf und freut sich, dass er hier sofort eine Deutsche trifft, mit der er plaudern kann.

Am Ende des Tages bin ich rundum zufrieden. Und auch Petrus gebührt ein herzlicher Dank!

Dafür ist die Nacht der Horror! Der Spanier mit der Glatze, der bei Tageslicht einen wirklich netten Eindruck machte, schnarcht hemmungslos. Dazu in einer Lautstärke, die unserem Teichfrosch beim Balzen locker die Show stiehlt. Kaum ist das Licht im Schlafsaal aus, zieht der Mann alle Register. In den Pausen, in denen der Schnarchhahn einen Aussetzer hat, halten alle die Luft an in der Erwartung, die kurze Ruhe könnte der Beginn einer erholsamen, störungsfreien Nacht sein… .Aber das bleibt nur ein Traum.

Vierzehnter Tag: Montag, 5. Mai (Miraz bis Sobrado dos Monxes) 26 km

Heidelandschaft und Kloster-Grusel.

Am nächsten Morgen sind alle gerädert. Ganz ehrlich: Noch nie habe ich auf dem Camino bisher jemanden dermaßen schnarchen hören!

Nach einem gemeinsamen Frühstück warte ich auf Eva, um mit ihr zusammen weiterzuwandern. Bei der Gelegenheit verarzte ich noch kurz die Nagelbettentzündung der netten Norwegerin, die mit ohne Handy vom Vortag.

Dann geht es los. Heiko aus Berlin hängt sich dran. Eva gibt Gas, damit sie am Mittag ihren Mann und ihren Sohn treffen kann, die den Camino Primitivo gemeinsam gegangen sind. Zurück bleiben Heiko und ich. Wir unterhalten uns so gut, dass die Zeit wie im Flug vergeht. Die Kilometer schmilzen so dahin, bis wir plötzlich den Ortseingang von Sobrado dos Monxes erreicht haben.

Beim Zieleinlauf entdecke ich im Dorfbach eine Wasserschlange. Spaniens Fauna ist auf dem Nordweg überraschend vielseitig.

Dann, von einer Anhöhe aus, zeigt sich die Belohnung der heutigen Anstrengungen, das mächtige Kloster mit Herberge. Irgendwie gruselig, wie im Film. In einer Bar vor dem Kloster warten wir gemeinsam mit anderen Pilgern darauf, dass sich die Klosterpforte öffnet. Heiko entscheidet sich dann doch fürs Hotel – ich gehe ins Kloster.

Altes, meterdickes Gemäuer wartet auf die langsam eintrudelnden Pilgerscharen. In einem kalten Schlafsaal mit zwei winzigen Fenstern, die aussehen wie Schießscharten, soll ich die Nacht verbringen. Meine Phantasie, was hier wohl vor hunderten von Jahren abgegangen ist, bekommt förmlich Flügel. Hier darf man nicht zimperlich sein. Im Gegenteil: Eigentlich bin ich entzückt, dass ich mal die Gelegenheit bekomme, in einem Kloster zu nächtigen.

Draußen vor den Klostermauern gibt es eine Bar, in der man außer Bocadillos wieder mal nichts richtiges zu Essen bekommt.

Im nahe gelegenen Supermarkt mache ich den Inhaber mehr als glücklich, als ich ihn auf Spanisch nach Milchreis frage. Mit letzterem im Arm werde ich noch vom Seniorchef herzlich gedrückt. Das nennt man Kunden - Nähe.

Immer wieder muss ich feststellen, wie groß die Freude der Spanier ist, wenn man sich bemüht, ihre Sprache zu sprechen.

Mit nicht mehr als zwei Miniatur - Schälchen Milchreis im Bauch besuche ich um 19.00 Uhr mit den anderen Pilgern eine Andacht. 14 Mönche in langen, weißen Kutten und einem geschätzten Durchschnittsalter von über 70 Jahren feiern vor den erschöpften Pilgern eine Messe. Dabei singen sie sehr schön und melodisch.

In den eingelegten Schweigeminuten hört man ab und zu einen Magen knurren. Die meisten hier Anwesenden haben tatsächlich noch nichts gegessen. Sie warten darauf, dass sich zu fortgeschrittener Stunde ein Restaurant für sie öffnet. Und das wird frühestens nach dieser Andacht sein. Ich muss mich zwingen, ein Grinsen zu unterdrücken. Magenknurren und Lobgesang – eine witzige Kombination.

Die Nacht ist tatsächlich gut. Nur an der Frischluftzufuhr im Schlafsaal müssen die Brüder noch arbeiten…Im Namen der Muschel!

Fünfzehnter Tag: Dienstag, 6. Mai (Sobrado dos Monxes bis Arzua, 23km)

Die Strecke ist ungemein asphaltlastig. Für manche tapfere Achillessehne der schleichende Tod...

In einer für Mönche und Pilger angemessenen Morgenstunde läutet die Turmglocke. Katzenwäsche und Füße cremen im morgendlich kalten Gemeinschaftsbad. Die feuchten Nebelschwaden erinnern an die alten Edgar Wallace - Filme. Der Gang in der Nacht zum Klo durch den dunklen Kreuzgang hat schon meine düstere Phantasie angeregt.

Die ganz Eifrigen sind bereits in der Morgendämmerung aufgebrochen.

Während Eva und ihre Männer in einer Bar frühstücken, laufe ich schon einmal mit Banane und Müsliriegel bewaffnet im Morgennebel um 8.00 Uhr durch die Klosterpforte. Noch vor dem Ortsausgang ist wie aus heiterem Himmel plötzlich Heiko hinter mir, und wir gehen gemeinsam weiter.

Heiko sieht ziemlich zerknautscht aus. Frustriert erzählt er mir von seiner Nacht im Hotel. Eigentlich hatte er das Hotel gewählt, um mal richtig gut schlafen zu können – ohne Schnarcher. Doch wie das Leben so spielt, schlief im Nebenzimmer genau so einer. Schlaflos in Sobrado... .Da fällt mir spontan doch auch was zu ein: Schlaflos in Ribadeo. Nachdem wir unsere Erfahrungen, was die Schlafqualität in spanischen Hotelzimmern betrifft, auf blumige Weise ausgetauscht haben, blüht auch Heiko sichtlich auf.

Uns fällt auf, dass außergewöhnlich viele Pilger unterwegs sind. Grund: Der Camino Primitivo trifft hier auf den Camino del Norte. Die Idee, in einer Bar direkt am Wegesrand zu frühstücken hatten offenbar schon andere. Die Bar ist proppenvoll. Eine ganz neue Situation.

Auf dem bisherigen Camino lagen die Bars oft weit verstreut. Dort einen Pilger zu treffen, war eher Glücksache. Hier reihen sich die Bars wie Perlen an eine Kette – und sind trotzdem schnell am Rande ihrer Kapazität. Auf den letzten Kilometern Richtung Santiago verdichtet sich das Pilger - Verkehrsaufkommen drastisch!

Die ganze heutige Etappe besteht fast nur aus Straße. Stundenlang über Asphalt laufen kann die Füße ruinieren. Diesmal ist es Heiko's Achillessehne, die beleidigt ist. Tapfer versucht er Schritt zu halten. Mein Physiogel hilft da nur bedingt.

Irgendwann erreichen wir unser angepeiltes Ziel: Arzua. Die öffentliche galicische Herberge in Arzua ist mitten in der Stadt und ganz zufriedenstellend. In einem schönen Steinhaus stehen zwei große Schlafsäle mit insgesamt 46 Betten zur Verfügung. Erste Amtshandlung nach dem Check - In: Duschen, Waschen, Trockner. Letzterer ist unverschämt gefräßig und schluckt ungeniert mein ganzes Kleingeld.

Danach gehen Heiko und ich in die Bar gegenüber und essen Lasagne. Die gibt es hier auch für Vegetarier. Wir trinken Bier und Kaffee und unterhalten uns ganz gut. Nicht nur das Essen verbreitet ein Wohlfühl - Gefühl. Auch die Musik ist scheinbar von höherer Instanz geordert: Es läuft eine CD von Mary Black. Ich bin total happy und gerührt, weil mich diese Musik mit meiner Tochter Nina verbindet, die schon seit Jahren in Kanada lebt. Ein schöner Abend.

Zurück in der Herberge telefoniere ich mit Rolf. Mein Zeitplan würde eine frühere Heimkehr erlauben. Rolf's spontane Freude über diese Option läßt mir schon gar keine Wahl mehr.

Mithilfe eines zeitlichen Bonus von gut einer Woche hätte ich noch die Gelegenheit gehabt, nach Finisterre und Muxia zu laufen. Die Vorstellung ist verlockend – wenn ich schon einmal hier bin. Andererseits will ich die Großmütigkeit von Rolf nicht überstrapazieren.

Es ist mir mehr als bewusst, dass ich großes Glück habe, diese Reise überhaupt bedenkenlos antreten zu können. Rolf hat das ganze Projekt erst möglich gemacht. Sich neben seinem Vollzeitjob auch noch um Haus, Garten, Gemüse und nicht zuletzt den Hund zu kümmern, verdient nicht nur meine Achtung, sondern auch meinen ganzen Dank!

Jetzt freut er sich wie ein Schneekönig, dass ich früher nach Hause komme, und – ganz ehrlich – ich auch. Wir sind uns einig, dass das angestrebte Ziel meiner Pilgerreise Santiago sein wird! Mein Flug wird umgebucht auf den 10. Mai. In zwei Tagen müsste ich Santiago erreichen. Um meine Ankunft dort in vollen Zügen genießen zu können, hätte ich noch einen vollen Tag zur Verfügung.

Der Plan ist gut. Wir sind uns einig. Die Entspannung ist auf beiden Seiten spürbar.

Die 46 Betten - Herberge füllt sich schnell. Nachdem Heiko in Miraz im Etagenbett über mir geschlafen hat man ihm jetzt das Bett direkt neben mir zugewiesen. Hier hat alles seine Ordnung. Die Betten sind nummeriert. Wir machen uns lustig über so viel gutgemeinte, für uns gewöhnungsbedürftige Nähe. Heiko spricht mich schon scherzeshalber mit Mutti an.

Wenig später treffen zwei junge Leute ein, die das gleiche Schicksal ereilt. Wir erfahren von ihnen, dass sie sich erst vor zwei Tagen auf dem Camino kennengelernt haben. Sie beziehen das Doppelbett über uns.

Als ich die junge Frau im Waschraum treffe, biete ich ihr an, mit Heiko das Bett zu tauschen und neben mir zu schlafen – für den Fall, dass sie ein Problem damit hat, mit einem fremden Mann das Bett zu teilen. Sie lehnt dankend ab und versichert mir mit einem verschmitzten Lächeln, dass sie auf dem Camino schon neben schlimmeren Typen schlafen musste…

Später stellt sich heraus, dass die Beiden ungeniert herumturteln. Alle vier haben wir dann einen Mordsspaß. Unser Vierer - Etagenbett ist der Brüller! Es wird herumgealbert, bis sich die gefährlich dünnen Latten biegen. Für die, die unten schlafen ist das im Ernstfall relevant. Zweimal kommt von Oben ein Geschoss in Form von halbvollen Wasserflaschen runter. Die ‚Top-Besetzung' in der oberen Etage unseres Nachtlagers hat ihren Proviant nicht mehr unter Kontrolle. Ich kämpfe vor lauter Lachen mit einem riesigen Frosch im Hals… .

Um Punkt 22.00 Uhr herrscht Ruhe.

Unser Schlafsaal erscheint mir plötzlich wie ein kleines Universum, eine eigene kleine Welt. Ein friedliches Vakuum, in dem sich Menschen aus so vielen verschiedenen Ländern mit so vielen unterschiedlichen Sprachen an ein ungeschriebenes Gesetz halten: Rücksichtnahme.

Wäre die Welt ein einziger großer Herbergs - Schlafsaal, dann wäre Völkerverständigung nicht nur ein Wort. Respekt und Toleranz - sogar für Schnarcher!

Sechzehnter Tag: Mittwoch, 7. Mai (Arzua bis Monte do Gozo) 35 km!

‚gozo' bedeutet auf spanisch: höchster Genuss. Der bezieht sich in dem Zusammenhang weniger auf die Ankunft in dieser gigantischen Ferienanlage. Gemeint ist eher die Aussicht auf Santiago von hier oben. Zum ersten Mal nach der wochenlangen Pilgerreise kann man von hier aus die Türme der Kathedrale sehen. Für alle Pilger ist das wie warten auf eine Bescherung.

Im kleinen Universum herrscht Betriebsamkeit. Die Nacht war erstaunlich ruhig. Es geht mal wieder ohne Frühstück los. Eigentlich will ich die letzten zwei geplanten Etappen bis Santiago alleine gehen, um meinem Projekt ‚Camino del Norte' einen gebührenden meditativen Touch zu verleihen. Die Chance auf eine innere Einkehr, so kurz vor dem Ziel. Stattdessen ergibt es sich einfach wieder, dass ich mit Heiko unterwegs bin. Der merklich anschwellende Strom von Pilgern, die jetzt auch noch vom Camino Frances dazukommen, machen eine innere Einkehr sowieso unmöglich.

Hier in Arzua ist der Knotenpunkt, an dem jetzt sämtliche Pilgerströme zusammenlaufen. Der Camino von hier bis Santiago scheint kurz vor dem Infarkt zu stehen. Und das zu dieser frühen Jahreszeit. Ich will mir nicht vorstellen, wie es hier im Sommer zugeht.

Auffallend viele junge spanische Männer sind hier auf dem letzten Teil des Caminos unterwegs. Einen ernst zu nehmenden Grund hierfür erfahre ich von zwei Mitpilgerinnen: Die Zeichen stehen derzeit schlecht auf dem Arbeitsmarkt für junge Spanier. Eine Compostela aus Santiago kann da einen positiven Akzent in einen Lebenslauf setzen. Ein kleiner Beitrag, die Bewerbungsunterlagen zu tunen.

Aber auch junge Koreaner nutzen zunehmend den Camino für einen ähnlichen Zweck. In diesem Fall werden offensichtlich junge heiratswillige Koreaner von den Damen bevorzugt, wenn sie sich den Strapazen des Pilgerdaseins freiwillig ausgesetzt und diese überlebt haben. Grundsätzlich ist diese Denkweise ja gar nicht so übel. Spontan fallen mir da ein paar lustige Parallelen aus dem Tierreich ein...da müssen die zukünftigen Vererber auch nicht selten die unmöglichsten Sachen auf die Beine stellen, bevor sie Beachtung bei den Weibchen finden. Reines Balzen genügt da oft nicht.

Sorry, nach diesem kurzen, aber wie ich finde sehr interessanten Exkurs über diverse Intentionen, sich mit dem Nötigsten hunderte von Kilometern quer durch Spanien aufzumachen, zurück auf meinen Weg.

Unser Ziel soll heute Pedrouzo sein, das sind ungefähr 19 km.

Auf eine Bar für das erste Frühstück brauchen wir nicht lange zu warten – die gibt es hier im komfortablen Abstand von ein bis zwei Kilometern. Auch das Angebot der Speisen ist ungleich üppiger: Die Zeit der einseitigen Ernährung mit Bocadillos und Tortilla ist endgültig vorbei. Willkommen in der Zivilisation!

Es geht zügig voran. Das Höhenprofil ist auch für ungeübte heiratswillige Koreaner noch erträglich. Weg und Wetter konkurrieren in Punkto Schönheit um die Wette. Wir marschieren durch schattige Eukalyptuswälder, denn die Sonne hat längst den kühlen Morgennebel verdrängt.

Die Cleveren unter den Pilgern, die sich morgens angezwiebelt haben, können jetzt davon profitieren. Die rasant steigenden Temperaturen lassen die Hüllen fallen: Regenjacken, Jacken, T-Shirts...in dieser Reihenfolge.

Wobei dem aufmerksamen Beobachter unschwer verborgen bleibt, dass der Pilger von heute ohne Marken-Klamotten gar nicht erst los läuft. Die Jakobswege sind sozusagen der Laufsteg für Marken-Outdoor - Hersteller. Was für eine Werbe-Platform!

Um die Mittagszeit erreichen Heiko und ich das Städtchen Pedrouzo. Die Sonnenbrillen sind im Einsatz – jetzt ist es richtig gut warm.

Pedrouzo ist auch auf den zweiten Blick nicht der Brüller. Hinzu kommt, dass es hier jetzt um die Mittagszeit unangenehm voll ist. In die Bar, die direkt am Weg liegt passt keine Pilgermaus mehr rein.

Das kommt davon, wenn man die Marschgeschwindigkeit nicht der angestrebten Entfernung anpasst. Wir waren zu schnell unterwegs. Jedenfalls ist es definitiv zu früh, um die Etappe hier und jetzt für heute zu beenden. Ich habe keine Lust, meinen schönen Nachmittag zu vertrödeln. Ein Blick zum wolkenlosen Himmel genügt und auch Heiko ist schnell der Meinung, dass wir weiterlaufen sollten. Mein Physiogel muss auf seine Achillessehne eine aufmunternde Wirkung ausgeübt haben. Auf meine Bedenken diesbezüglich versichert mir Heiko, dass er sicher noch ein paar Kilometer laufen kann. Zumal die Wege, zumindest im Moment, fussfreundlich gestaltet sind.

Wir marschieren also weiter. Ins Blaue. Die Herbergen liegen hier ja quasi auf dem Weg.

Dann meldet sich ein gewisser Ehrgeiz. Der vertreibt zuerst den Schweinehund, der unter den gegebenen positiven äußeren Umständen sowieso kein ernstzunehmender Gegner ist. Kaum ist der Schweinehund besiegt, ist das Etappenschwein nicht weit. Letzteres will jetzt unbedingt seinen Willen durchsetzen: Das nächste Etappenziel, das eigentlich für den kommenden Tag geplant war. In unserem Fall: Monte do Gozo.

Die 35 km, die wir damit am Ende des Tages auf Schusters Rappen abgeritten hätten schrecken uns nicht ab. Etappenschweine sind da nicht zimperlich.

Der ehrgeizige Plan verleiht irgendwie Flügel. Der ‚Monte' erscheint ja auch bei einem flüchtigen Blick auf das Höhenprofil im Outdoor - Guide gar nicht so hoch.

‚Übermut tut selten gut'. Sprichwörtlich: Der Berg macht seinem Namen alle Ehre. Zu allem Überfluss brennt die Sonne vom Himmel und lacht sich kaputt über diese Würstchen, die sich da mit ihren mindestens 8 kg Gepäck den nicht enden wollenden Berg hochquälen.

Heiko schlägt sich tapfer und trotzig kämpft er genau wie ich gegen seine zunehmende Erschöpfung an. Dafür hat er seinen Turbo eingeschaltet und ist mir um einige Längen voraus. Schon bald ist er außer Sichtweite. Gut so. In meinem jetzigen Zustand brauche ich wirklich kein Publikum. Ich leide. Ich büße. Die Wasserflaschen sind längst leer und mein Stoffwechsel hat den knappen Liter Leitungswasser auf wunderbare Weise in gefühlte zwei Liter Salzlake verwandelt.

Irgendwann bin ich auf dem vermaledeiten Berg. Wo ist denn jetzt diese Mega -Herberge? Monte do Gozo ist das Europäische Pilgerzentrum. Dementsprechend erwarte ich eine größere Anlage. Hier oben ist aber nur Gewerbegebiet. Ohne Schatten. Zu allem Überfluss meldet sich die Blase auch schon wieder. Wo die jetzt überschüssige Flüssigkeit hernimmt, ist mir schleierhaft. Ich müsste doch schon alles ausgeschwitzt haben.

Hinter einer Kurve erbarmt sich überraschend ein Kiosk. Komisch, immer, wenn fast nichts mehr geht, tut sich ein Ausweg auf wunderbare Weise auf. Gott sei Dank! Oder wer immer dafür verantwortlich ist. Diese Containerbude ist gerade die Schönste, und bekommt in meinem Gedächtnis für Buden einen Ehrenplatz. Ich gönne mir eine zwanzigminütige Pause, inklusive allem, was raus und was rein muss in meinen Körper. Frisch entleert – frisch aufgetankt.

Auf den nächsten Kilometern verspüre ich dann plötzlich einen stechenden Schmerz in der rechten Wade. Die Stelle wird zunehmend blau. Na super, da hat ja wohl mein armes Fahrgestell was abbekommen. Das ist erst einmal ganz schön schmerzhaft. Dementsprechend jämmerlich gestaltet sich eine Ewigkeit später der Zieleinlauf. Das Etappenschwein reibt sich die Hufe... !

Die Bilanz für diesen Tag: Stolze 35 km auf der Haben - Seite. Die letzten Kilometer auf den Felgen. Mangelnde Ehrfurcht vor dem Berg. Lektion gelernt...

Der Monte do Gozo ist wie befürchtet nichts für Romantik - Pilger. Eine Baracke neben der anderen – und davon gibt es viele. In der Saison wird es hier zugehen wie in einem Bienenstock. Ich bekomme eine Liege in einer 8 – Bett - Wabe zugeteilt. Im Zimmer direkt gegenüber finde ich Heiko wieder. Er teilt sein Zimmer mit drei Spaniern. Das könnte Verständigungsprobleme geben. Da muss er durch.

In meinem Zimmer sind schon zwei Betten belegt. Annette und Marie-Louise aus Deutschland lümmeln schon in ihren Schlafsäcken herum. Wirklich mitteilsam sind die Beiden nicht. Aber sonst ganz ok. Später trudelt noch ein junges spanisches Paar ein. Sie beziehen das Doppelbett neben mir.

Ich wasche noch ein paar Sachen durch und frage nach einem Trockner. Den gibt es ,gleich da unten'. ,Da unten' bedeutet, dass man etwa 200 m hin und 200 m zurück laufen muss. Am Berg. Das Gleiche dann 40 Minuten später nochmal zum Abholen. Meine blaue Wade protestiert jetzt bei jedem Schritt, weil diese Wäsche - Aktion nicht auf dem Verwöhn - Programm stand. Die Permanent-Blase am dicken Zeh teilt diese Meinung während die Blutblase am Nachbar - Zeh schon aufgegeben hat. Ihr geht es nur noch darum, in Schönheit zu sterben. Mit diesem wunderbaren satten Blau sicher nicht unmöglich... .

Unten am Gemeinschaftsplatz wo sich die Waschküche befindet, sehe ich zufällig Heiko auf einer Bank sitzen. Beim Näherkommen bemerke ich, dass er gerade beim Skypen ist. Mit seiner kleinen Familie, von der er mir unterwegs erzählt hat. Schnell entferne ich mich wieder unerkannt. Er scheint in keiner guten seelischen Verfassung zu sein. Meine sensible Antenne für solche Situationen signalisiert mir, dass er Heimweh haben könnte.

Um Heiko wieder aufzubauen, frage ich ihn, ob er noch mit mir zum Essen geht. Wie erwartet nimmt er das Angebot gerne an. Wir schleppen uns noch ins Dorf, das sich im Verhältnis zum Pilgerzentrum sehr übersichtlich präsentiert.

Der Restaurantbesuch macht satt und zufrieden. Und Heiko ist auch wieder der Alte.

Zurück in der Herberge versorge ich meine Wade noch einmal mit Arnika - Crème – und dann kann ich endlich in meinen Schlafsack kriechen.

Die Sauerstoffversorgung im Zimmer ist schnell an einem bedrohlichen Limit – dementsprechend ist es unangenehm warm. Schwierig genug, unter diesen Umständen trotz der Kräfte zehrenden Etappe Schlaf zu finden. Wenn da nicht auch noch Annette wäre, die wie selbstverständlich ein Schnarch - Konzert anstimmt, das ich ihr beim besten Willen nicht zugetraut hätte! Sie sägt die ganze Nacht hindurch gefährlich an dem zarten Ast der Sympathie, die ich am Abend zuvor noch für sie empfunden habe.

Siebzehnter Tag: Donnerstag, 8. Mai (Monte do Gozo bis Santiago de Compostela)

Noch 5 Kilometer!

Wieder so eine Nacht, die eigentlich gar keine war. Ich bin nur froh, wenn ich an die frische Luft kann. Wenigstens ist meine Wade erstaunlich gut drauf. Die beiden Blasen habe ich sowieso schon ins Herz geschlossen. Die dürfen heute beim feierlichen Einzug in Santiago dabei sein.

Ein komisches Gefühl beschleicht mich, als ich ein letztes Mal auf diesem Camino meinen Schlafsack verstaue. Für die Morgentoilette schleiche ich mich schon früh ins Bad. Wenn man sowieso keinen Schlaf findet ist das schon fast ein Vergnügen. Außerdem habe ich keine Lust, um einen freien Platz an einem der (immerhin) drei Waschbecken mit einer ganzen Schulklasse von pubertierenden Japanerinnen zu kämpfen.

Es ist sechs Uhr morgens – und Annette schnarcht immer noch. Als sie sich wenig später völlig entspannt aus ihrem Schlafsack schält, kann ich für den Bruchteil einer Sekunde für nichts garantieren. Aber es wäre schade, wenn mir der Camino nicht seinen Stempel des Erbarmens gegenüber meinen Mitpilgern aufgedrückt hätte. Ich schenke Annette mein schönstes Lächeln, das ich für solche besonderen Momente aufgehoben habe...

‚What goes up, must come down'. Also den Monte do Gozo abwärts. Leichte Übung. Auf dieser Seite des Berges scheint der Berg gar keiner zu sein. Der Streckenverlauf führt uns (Mein Pilgerschatten Heiko ist immer noch mit von der Partie) an stark befahrenen Straßen vorbei in

Richtung Innenstadt von Santiago. Zweimal will ich bei Rot über die Ampel: Annette lässt grüßen...

Jetzt bin ich so kurz vor dem Ziel, aber irgendetwas stimmt nicht. Es fehlt etwas Entscheidendes: Die innere Einkehr! Nicht nur mein Körper, auch mein Geist soll hier bewusst ankommen. So viele liebe Menschen haben mich wochenlang auf meinem Weg begleitet. Und ich bin dankbar dafür. Aber ich habe den Weg alleine begonnen – jetzt will ich ihn alleine beenden.

Just habe ich den Gedanken zu Ende gedacht, ergibt sich die Gelegenheit, mich von Heiko kurz und schmerzfrei zu trennen. An einer Stelle in der Stadt, an der wir uns uneinig sind, wie es weiter geht, verabschiede ich mich im Schnellverfahren von meinem Weggefährten. Freundlich, aber bestimmt. Er ist nicht wirklich überrascht. Zumal er schon seit zwei Tagen wusste, dass ich vor meinem Zieleinlauf noch ein bisschen Zeit für mich brauche.

Es war wirklich nett, mit Heiko zu wandern und zu plaudern. Er war einer der wenigen Menschen, die meinen trockenen Humor auf Anhieb verstanden haben.

Jetzt muss ich erst einmal mein eigenes Ding machen. Santiago ist nicht New York, und bestimmt werde ich den einen oder anderen lieben Pilgerfreund irgendwo in der Stadt wiedersehen.

Bevor ich aber den Weg zur Kathedrale nehme, gehe ich erst einmal so richtig fürstlich frühstücken! Mit einem heißen Croissant, einem riesigen Glas Orangensaft und einem hervorragenden Café con leche bin ich auf dem richtigen Weg zur inneren Einkehr!

Frisch gestärkt und frei jeglicher Verpflichtungen verlasse ich diese Cafeteria. Drei Meter weiter findet mich das Hotel, das mir für meinen

Aufenthalt an diesem besonderen Ort im Geiste die ganze Zeit vorge-
schwebt ist. Es ist perfekt! Das Schicksal hat meinen Schritt und meinen Blick in die richtige Richtung gelenkt. Ich muss nicht weiter suchen. Wie selbstverständlich checke ich hier ein. Ein Zimmer kann ich
noch nicht belegen, aber den Rucksack kann ich dort schon einmal
deponieren.

Jetzt fühle ich mich körperlich und auch geistig befreit. Ich bin bereit,
bewusst anzukommen.

Der Mini - Stadtplan vom Hotel führt mich ohne Probleme zur Kathedrale von Santiago. Stolz betrete ich dieses imposante Bauwerk dem so
viel Mythos innewohnt. Leider bin ich spät dran. Für die Pilgermesse
um 12.00 Uhr muss ich mit einem Stehplatz vorlieb nehmen. Die Pilgermesse ist Pflicht – aber nicht ohne meine Compostela, die ich mir
vorher noch besorgt habe. Um die zu bekommen, muss man anstehen –
nicht selten bis zu einer Stunde und mehr.

Jetzt stehe ich hier in dieser riesigen altehrwürdigen Kathedrale hinter
der letzten Bank. Aufmerksam lausche ich der in Spanisch gehaltenen
Zeremonie. Weniger aus religiösen Gründen – eher aus Interesse an der
Sprache. Die Kirche ist ordentlich voll.

Während ich meine frisch erbeutete Urkunde umklammere, schweift
mein Blick in die Gemeinde. Die zum größten Teil aus Pilgern besteht.
Es ist ja auch eine Pilgermesse.

Der berühmt - berüchtigte Weihrauch - Schwenker hängt enttäuschend
schlaff an dicken Seilen über dem Geschehen.

Es heißt, dass der silberne Kessel nur für eine Spende von 300,00 Euro
zur Freude Aller in Bewegung kommt. Leider findet sich heute niemand, der soviel Schuld auf sich geladen hat, dass er sich für das entsprechende Kleingeld seine Sünden weg(weih)räuchern lassen will.
Schade. Und ich komme keinesfalls in Frage! Ich habe 850 km Buße
getan. Sollte sich in meinem bisherigen Leben aus unergründlichen

Gründen und dazu noch aus unsicherer Beweislage ein Sündenberg angehäuft haben, dann ist der jetzt zweifelsfrei auf ein Nano - Sündenhäufchen geschrumpft. Und ganz ehrlich: Ein paar klitzekleine Sünden möchte ich auch gern behalten.

Die Pilgermesse wird zunehmend emotional. Zudem wirklich stilvoll. Obwohl Kirchenbesuche ja nicht so zu meinen Favoriten gehören.

Dann ist da plötzlich diese unglaublich hinreißende, glasklare Stimme einer begnadeten Sängerin. Es hilft ja nichts, jetzt muss ich kurz und heftig heulen. Das ist immer so. Wenn ich heule, dann kurz und heftig.

Da stehe ich nun mit meiner Papprolle, die einige der intensivsten und lehrreichsten Wochen meines Lebens beinhaltet, und heule die ganzen Entbehrungen und die Erschöpfung aus mir heraus. Aber auch die Dankbarkeit für die wunderbaren Begegnungen mit lieben Menschen aus aller Welt auf dem Weg. Und die Erleichterung und Freude, das alles unbeschadet überstanden zu haben.

Die kleine spanische Frau, die neben mir steht, wirft mir kurz einen hilflosen Blick zu. Mein herzhafter und kraftvoller, aber kurzer Gefühlsausbruch ist genauso schnell wieder verflogen, wie er gekommen ist.

Die Messe dauert eine halbe Ewigkeit. Meine Beine befinden sich noch im Laufmodus – das lange Stehen bekommt gar nicht gut. Als nach der Vorstellung die Gemeinde in Bewegung kommt, spüre ich sämtliche Knochen und Gelenke. Und den Rücken! In der Entwicklungsgeschichte der Menschheit fühle ich mich plötzlich um 1,5 Millionen Jahre zurückversetzt. Damals übte der Homo erectus gerade den aufrechten Gang.

Jetzt erst einmal zurück ins Hotel! Da wartet eine heiße Dusche und relativ frische Wäsche.

Am Nachmittag besuche ich den Markt von Santiago: Den Mercado de Abastos. Er befindet sich im alten Teil der Stadt.

Das ist wirklich ein Erlebnis! Das pralle Leben in den über hundert Jahre alten Markthallen trifft hier unter anderem auf das kleine Horrorkabinett. Das Angebot in den Fleisch- und Fischauslagen nimmt keine Rücksicht auf eventuelle Befindlichkeiten eines Vegetariers.

An einem Weinbüdchen werden im Minutentakt Teller hergerichtet mit Scheibchen vom Oktopus. Die werden mit der Schere abgeschnitten. Der (tote) Oktopus posiert dabei auf einer Platte in Form einer Krone. So zu enden war sicher nicht seine Absicht. Mein Eindruck schwankt zwischen Perversität und Ehrerbietung vor der Kreatur. Jedenfalls scheint die Krake ein Gourmet-Highlight zu sein, denn die Anwärter auf einen dieser Kraken - Teller stehen Schlange.

In den verschiedenen Hallen des Marktes werden die besten Produkte Galiciens angeboten und entsprechend stolz präsentiert. Die Fischhalle ist nur hüpfend zu durchqueren. Überall im Gang haben sich Pfützen gebildet, die sicher nicht nur aus geschmolzenem Eiswasser bestehen…
.

Wieder zurück auf dem Hauptplatz, laufe ich geradewegs in die Arme des weltbesten Schnarchers aller Zeiten – dem spanischen Säge - Meister aus der Herberge in Miraz. Unser Wiedersehen gestaltet sich fast euphorisch, was unter den gegebenen Umständen angebracht ist. Eine herzliche Umarmung, ein Handküsschen – tagsüber ist dieser Mann wirklich ein echter Charmeur. Er kennt sich hier aus und gibt mir noch ein paar hilfreiche Tipps, bevor wir uns genauso freudig erregt wieder trennen.

Ich besorge mir noch einen zusätzlichen Memory - Stick für meine Kamera. Auch an einem T - Shirt speziell für erschöpfte Pilger kann ich nicht vorbeigehen. Der Aufdruck ‚Sin dolor – no hay gloria' (Ohne Schmerz, kein Erfolg) besticht durch seine Logik. Der Preis verspricht keine lange Lebensdauer. Egal, das muss ich haben. Als Pilger - Touri steht es mir zu, eine Trophäe aus Santiago mit nach Hause zu bringen. Im Übrigen gibt es hier auch schlimmere Souvenirs – richtig schlimme!

Auf meinem Streifzug durch die Stadt treffe ich auf das nette ältere Pilger -Ehepaar aus Stuttgart. Beziehungsweise sie entdecken mich und wir trinken zusammen ein Tässchen Kaffee. Da darf auch ein Stück Tarta de Santiago nicht fehlen. Schließlich haben wir was zu feiern.

Um die Feierlaune zu verlängern, verabreden wir uns für den Abend zu einem Besuch in einer der besten Tapas-Bars von Santiago. Bis dahin müsste ich eigentlich noch ein paar Schuhe besorgen. Die Vorstellung, mit meinen dreckigen Wanderschuhen dort aufzukreuzen, ist nicht besonders schön. Alternativ könnte ich meine fliederfarbenen Gummilatschen anziehen…Nein, heute Abend is(s)t man zivilisiert!

Ich gönne mir ein paar Allrounder in einem wunderbaren Lindgrün. Da passen sogar meine Blasen mit rein weil man die Schuhe oben und hinten individuell verstellen kann.

Beim späteren Treffen mit den beiden Stuttgartern fühle ich mich das erste Mal nach meiner Ankunft in Santiago wieder als vollständiger Mensch. Ich rieche gut, meine Schuhe sind zum Verlieben und ich trage meine Lieblingsbluse. Die ist den ganzen Weg mit mir marschiert und hat sich als superleicht und knautschfrei ausgezeichnet. Ein echtes Schätzchen. Als einziges Relikt aus Pilgertagen erinnert die Outdoor - Hose daran, dass es sich hier um eine Pilgerin handelt.

Die Tapas - Bar ist eine Wucht! Wir sitzen zu dritt direkt an der Theke vor unzähligen Köstlichkeiten. Schon zu Beginn bedaure ich, dass ich irgendwann heute Abend satt sein werde. Unmöglich, das alles zu probieren. Hier kommen Fleischfreunde und Vegetarier auf ihre Kosten. Und das kulinarische Vergnügen ist nebenbei auch noch bezahlbar. Wir essen, plaudern, und begießen unsere glückliche Ankunft in Santiago mit einem Glas Wein. Danach bin ich so fertig, dass ich nicht schnell genug ins Bett komme. Eigentlich ist es noch zu früh dafür. Aber mein Akku ist anderer Meinung. Der ist nämlich jetzt definitiv leer.

Achtzehnter Tag: Freitag, 9. Mai (Mein Tag in Santiago!)

Richtig gut ausgeschlafen erwartet mich am Morgen ein bombastisches Frühstück. Heute muss ich nicht erst drei Stunden laufen, um einen Kaffee und ein Tostado zu bekommen. Hier gibt es Eier in allen Variationen, Käse, Brot, Brötchen und Croissants. Kuchen und ein kleines Buffet mit Joghurt und Vanillecreme und, und, und… . Und es gibt eine Karaffe mit Wassermelonensaft. Das ist meine. Bevor sich einer der anderen Gäste daran vergeht, habe ich sie ausgetrunken. Göttlich! Die leere Karaffe wird schnell durch eine Volle ersetzt – wovon ich jetzt beim besten Willen keinen Fingerhut mehr herunterkriege.

Weil das Wetter noch nicht ganz meinen Vorstellungen entspricht, die Prognose aber gut ist, setze ich mich mit meinem Tagebuch auf die Empore des Frühstücksraums.

Dann starte ich ausgeruht und satt und glücklich mein Stadt - Besichtigungs -Programm. Ausgestattet mit meinem mittlerweile ziemlich zerfetzten Stadtführer strebe ich erst einmal in Richtung Franziskanerorden. Von zwei deutschen Mädels habe ich beim Frühstück den Tipp bekommen, dass man als Pilger hier noch eine besondere Compostela bekommt. Die Compostela zu Ehren des Franciscus von Assisi, dessen weltweite franziskanische Ordensfamilie vor 800 Jahren gegründet wurde.

Auf dem Weg zu dieser besonderen Kirche versuche ich mich zu erinnern, was ich über Franz von Assisi gelernt habe. Was ich ganz sicher noch weiß ist, dass er ein Fürsprecher der Tiere und der Natur war. Die Bilder von einem Mönch, umgeben von Tieren, ist in meinem Gedächtnis haften geblieben. Ich stelle mir vor, was er, wenn er noch leben würde, zur systematischen Ausbeutung der Nutztiere sagen würde. Und wenn ich an die spanischen Kettenhunde denke– wie hat wohl die Hundehaltung im 13. Jahrhundert ausgesehen?

Nach Vorlage meines Pilgerausweises erhalte ich die Compostela von Franz von Assisi in der Ordenskirche.

Der Mann ist schon lange tot. Und erst meine späteren Recherchen Zuhause ergeben, dass er sich nicht nur mit Ruhm bekleckert hat. Speziell was seine damalige Rolle während der Inquisition betraf.

Zum jetzigen Zeitpunkt ist mir seine Gesinnung, was den Respekt für die Tiere angeht, sehr sympathisch. Diese meine zweite Compostela, die ich hier in Santiago durch Zufall erhalten habe, und von der die wenigsten Pilger wissen, dass man sie hier bekommt, ist nicht unbedeutend. Ich sehe sie als Zeichen. Als eine Bestätigung für mein Vorhaben, ein Buch über meine Erfahrungen auf dem Jakobsweg zu schreiben und damit meinen Beitrag zum Tierschutz zu leisten.

Auf jeden Fall nehme ich mir vor, später mehr über diesen Franciscus von Assisi in Erfahrung zu bringen. Auch wenn er Armut und den Respekt vor der Kreatur gepredigt hat – er scheint noch eine Leiche im Keller zu haben… .

Der Weg vom Franziskanerorden zurück zum Hotel gestaltet sich mühsam. Frauen in adretten Bäckerschürzchen stehen vor jedem vierten Souvenirgeschäft und nötigen mich förmlich, ihre besonderen Santiago -Kekse zu probieren – und dann zu kaufen. Einigen tue ich den Gefallen und probiere – und muss feststellen, dass die Kekse alle gleich schmecken. Die legendäre Mandeltorte von Santiago ist um Längen besser.

Noch ein kurzer Stopp im Hotel, dann gehe ich endlich auf Stadterkundung.

Geschlagene zwei Stunden trödele ich durch die Straßen. Ohne ein bestimmtes Ziel. Dabei macht sich eine zunehmende Entspannung breit, die ich so schon lange nicht mehr verspürt habe. Fast vergleichbar mit einem Gläschen zuviel. Völlig losgelöst. Auf einem kleinen Platz lege ich ein Päuschen ein. Ich bestelle mir ein Glas Sangria und einen Teller gegrillte Paprika. Noch einen Kaffee zum Abschluss – super!

Auf dem Rückweg, für den dann doch wieder der Stadtplan zum Einsatz kommen muss, treffe ich unerwartet auf Eva! Sie stürmt aus einem Restaurant auf mich zu, an dem ich gerade vorbeikomme. Was für eine Wiedersehensfreude. Sie hat mit ihren beiden Männern hier zu Mittag gegessen. Durch Zufall hat sie mich vorbeilaufen sehen. Eva erzählt mir von Heiko, den sie am Tag zuvor getroffen hat. Er hat nach mir gefragt, leider ohne Erfolg. Er war aber zuversichtlich, dass er mich in Deutschland wiederfinden würde. Schließlich hat er Verwandte ganz in meiner Nähe wohnen.

Die Begegnung mit Eva ist kurz, und da sie mit ihrem Mann und ihrem Sohn so gemütlich zusammensitzt, will ich die kleine Familie nicht stören. Wir versichern uns gegenseitig, in Kontakt zu bleiben. Dann trennen sich unsere Wege. Ich bin gespannt, ob ich sie jemals wiedersehe.

Ja, das mit dem Wiedersehen ist auch in Santiago nicht einfach. Bis zum Abend treffe ich keinen meiner Pilgerfreunde wieder. Mit Renee, Elisabeth und Eva habe ich email-Adressen ausgetauscht. Wir werden auf jeden Fall noch voneinander hören. Da bin ich mir sicher. Mit Stephanie, meiner Pilgerfreundin aus Colorado vom letzten Jahr bin ich auch noch vernetzt.

Mein letzter Tag in Santiago endet wieder früh. Das wunderbar entspannende Gefühl, endlich angekommen zu sein ist leider auch schon in jeder Muskelfaser angekommen.

Neunzehnter Tag: Samstag, 10. Mai (Heimkehr und Schlusswort)

Mein Flug geht am Mittag. Also habe ich noch genügend Zeit, in Ruhe zu frühstücken. Dann packe ich ein letztes Mal meinen Rucksack und mache mich zu Fuß auf durch die Stadt in Richtung Busbahnhof. Von hier geht eine Linie direkt zum Flughafen. Es nieselt.

Wie unbeschwert ich diesen letzten Teil meines Caminos in Erinnerung habe! Schon allein wegen des Wetters. Letztes Jahr habe ich mein Projekt hauptsächlich wegen des schlechten Wetters abbrechen müssen. Dieses Jahr hatte ich unverschämtes Glück!

Während ich durch die noch fast menschenleeren Gassen gehe, schicke ich ein dickes Dankeschön an Alle, die mich auf diesem Pilgerweg unterstützt, beschützt und begleitet haben. Mit ALLE meine ich die Sichtbaren und die Unsichtbaren. Eine unglaubliche positive Energie hat diese intensive persönliche Erfahrung zu einem unvergessenen Erlebnis gemacht!

Dabei habe ich sehr viel gelernt. Den spanischen Nordweg ohne vorherige Pilgererfahrung zu laufen, war mehr als eine Herausforderung. Unter den schlechten Wetterbedingungen im letzten Jahr habe ich genauso gelitten wie unter der naiven Annahme, dass man die Notsignale seines Körpers ignorieren kann, indem man ihn mit Bananen und Bocadillos abspeist. Pausen sind wichtig, Schlaf ist wichtig. Eine Etappenplanung im Rahmen des Möglichen ist wichtig. Eine spontane Eingebung, ob man sich situationsbedingt für eine Herberge oder andere Alternativen für eine Übernachtung entscheidet, kommt von selbst. In den Herbergen lernt man, jeden so zu akzeptieren, wie er ist. Ich danke also auch all denjenigen, die meine Toleranz auf die ein oder andere Weise auf die Probe gestellt haben. Ich bitte um Vergebung, wenn es für einige nicht ganz gereicht hat...Vor allem aber danke ich denjenigen, die mir aus meinen eigenen Stimmungstiefs herausgeholfen haben und meinen Weg in jeder Beziehung mitgestaltet haben.

Wer sich auf den Jakobsweg begibt, wird meist als Erstes nach dem Grund dafür gefragt. Ob Religion oder Neugierde, eine Lebenskrise, Ausbrechen aus dem Alltag, die Lust am Wandern oder ‚Spanien mal anders' kennenlernen. Es gibt vielfältige Fragen nach dem Sinn.

Oder der Camino ruft! Ganz unvorbereitet. Wie in meinem Fall…

Nicole, eine liebe Freundin, kennt den Grund:

Inspiration stellt sich genau dann ein,

Wenn man nicht nach ihr sucht.

Sie kommt, wenn das Geist - Herz still ist.

So ist es auch mit den Sinnfragen:

Die Antworten darauf finden DICH!

Zeitfracht Medien GmbH
Ferdinand-Jühlke-Straße 7
99095 Erfurt, Deutschland
produktsicherheit@kolibri360.de